우리 아이 논리 공부

조리 있게 말하고 생각하는

우리 아이
논리 공부

부경복 지음

바다출판사

차례

언어논리의 현장에서 살아갈 아이들

이 책은 이제 말을 시작한 유아부터 초등학교, 중학교, 고등학교 이상의 학생들이 생각하는 힘을 기르고 조리 있게 말하고 짜임새 있게 글 쓰는 능력을 기를 수 있도록 돕기 위한 책입니다. 유아부터 초등학생까지의 경우 부모님 또는 독서나 논술을 지도하시는 선생님들께서 책을 읽어가면서 아이의 학습을 유도해주시길 바랍니다. 그리고 중학생의 경우 학생과 부모님(또는 지도교사)이 함께 읽으면서 글에서 소개된 방법들을 두루 연습해보시고, 고등학생이나 성인이라면 혼자 읽어가면서 논리적 대화법을 연습해보는 겁니다. 내용의 중간중간에 가족이나 동료들의 작은 도움을 받으며 훈련할 수 있는 방법도 기록해두었습니다. 스스로 이 책을 읽는 학생들은 본인이 학습자이자 스스로에 대한 지도자라는 마음으로 이 책을 읽으면 효과적입니다.

저는 서울대 법과대학과 경영대학을 졸업하고 '김앤장 법률사무소'에서 8년간 근무하였으며, 현재까지 24년째 변호사로 일하고 있습니다. 가장 첨예하고 복잡한 논리 싸움의 최전방에서 일하고 있는 사람이라 할 수 있지요. 이런 경험을 가진 제가 어떤 방식으로 논리적인 말하기 수업을 풀어갈까요?

아이는 (좀 과장해서 말하면) 부모의 말은 죽어도 안 듣지만, 부모의 언행은 신기할 정도로 따라합니다. 그런데 우리나라 교육의 지난날을 돌아보면 부모들 역시 논리적 사고나 말하기, 글쓰기 등을 배울 기회가 없었습니다. 결국 우리 아이나 학생들의 효과적인 논리 공부를 위해서는 부모(혹은 교사나 스터디 그룹의 멤버 등)와 아이의 협업이 필요한 것입니다.

이 책은 우리 아이가 장차 올 미래에 그럭저럭 맞

이하는 평균치의 삶보다는 '리더'로서 자랄 수 있기를 바라는 부모와, 그러한 바람을 가진 학생을 위한 책입니다. 리더가 될 자격은 어떤 사람들이 가졌을까요? '많은 사람들이 지속적으로 그 사람의 생각을 지지할 때' 비로소 리더가 될 자격이 있지 않을까 저는 생각합니다. 그렇다면 많은 사람들로부터 지속적으로 지지를 받으려면 어떻게 해야 할까요? 이것에 대한 대답도 간단합니다. 그 사람의 생각과 말이 이치에 맞아야 합니다.

심리적 기교나 미사여구는 잠시 사람들의 호감을 살 수는 있지만 결국 오래 지속되지 못합니다. 목에 핏대를 세우는 선동의 말은 소수의 추종자를 만들 수 있을지는 몰라도 다수의 지지를 얻기는 어렵습니다. 그래서 리더의 자격을 갖추는 첫 번째 요소는 '이치에 맞는 생각과 말하기'입니다.

그런데 정작 우리는 그간 자녀에게 논리 공부를 제대로 가르치지도 않았고, 부모로부터 배우지도 못했습니다. 이제부터라도 우리가 논리적 대화의 핵심 요소

우리 아이 논리 공부

를 정확히 배우며 채워나가야 하는 이유입니다. 어떻게 할 수 있냐고요? 이해하고 따라하기 가장 쉬운 방법으로 제가 제안해보려 합니다.

실제로 로스쿨에서 오히려 공과대학 출신들이 좋은 성적을 거두는 경우가 많습니다. 그들의 이야기를 들어보면 프로그램 코딩, 인공지능, 데이터 과학의 작동 방식이 결국 기계 작동의 논리 구조를 짜는 것이어서 공대 출신이라도 논리력이 약하면 '노가다 인력'이 되고 만다는 것입니다.

책의 모든 각 단원마다 "엄마가 좋아, 아빠가 좋아?"라는 질문으로 시작할 것입니다. 다시 말해 "엄마가 좋아, 아빠가 좋아?"라는 질문을 받아본 사람이라면 누구든지 쉽게 이해할 수 있도록 최대한 편안하고 쉬운 접근으로 논리 공부를 시작하고자 합니다. '논리'라는, 평생 가까이하기 어려울 것 같은 주제이지만 오히려 눈높이를 낮춘 유아적 질문을 통해 더 빠르고 쉬운 이해를 유도할 수 있을 거라 생각합니다.

그렇다고 해서 여러 명제나 가설, 귀납, 연역과 같

은 어려운 한자 단어들을 숙지해야 한다거나, 각각의 정의를 외우는 형식 논리학에 관한 책은 아닙니다. 논리학이 아닌 '언어논리'를 풀어가는 책이라 할 수 있으니까요. 언어논리 또한 어려운 것이 아닙니다. 우리 실생활에서 '조리 있게 말하고, 답하고, 쓰는 방법'을 배우는 것일 뿐입니다.

독자 참여 방식으로 구성된 것도 이 책의 큰 특징입니다. 소개된 내용을 수동적으로 읽기만 하는 것이 아니라, 언급된 방법론을 실제로 적용할 수 있는 관련 영상이나 기사를 함께 읽어보는 것이 좋을 테니까요. 해당 자료들을 QR코드 방식으로 함께 소개해 두었으니 꼭 확인하면서 배운 내용을 단단히 새겨두었으면 합니다. 각 장의 끝에는 배운 내용을 적용해볼 수 있는 스피치 연습 문제와, 수시로 자신의 생각을 메모해둘 수 있는 공간을 마련해두었으니 이를 적극적으로 활용해보면 좋을 듯합니다.

이 책을 활용하는 독자나 지도하시는 분들은 책을 읽은 후 자유로운 나의 생각을 말해보기, 책 내용 중에 기억해두고 싶은 문장을 꼽아보기 등으로 수업을 진행해보길 권해드립니다. 그리고 소개된 내용에 해당되는 사례나 관련 영상 등을 찾은 뒤 이를 '우리 아이 논리 공부'의 줄임말인 '#우아논공' 해시태그로 공유해서 다른 사람들의 의견도 함께 들어보는 방법으로 활용해볼 수도 있습니다.

부디 이 책이 학급회장 선거에서, 논술 답안지에서, 프레젠테이션 현장에서, 협상 테이블 위에서, 무엇보다 앞으로 인공지능과 함께 살아갈 아이들의 삶 속에서, 우리 사회가 이치에 맞는 생각과 말을 공유해가며 보다 성숙한 방식으로 현명한 답을 찾아가는 데 조금이나마 도움이 되기를 바라는 마음입니다.

1장

'논리의 틀'부터 장착하기

이쯤에서 가슴에 손을 얹고 한번 생각해볼 일입니다.
당신은 지난 한 주 동안 "왜냐하면"이라는 표현을
몇 번이나 썼을까요?
만약 이 말이 필요했을 터인데 당신이 사용하지
않았다면 당신은 자신의 가치를 높이기 위해 필히
논리 공부를 시작할 필요가 있습니다.

언어논리력이라는 무기

"엄마가 좋아, 아빠가 좋아?"

"저는 아빠가 더 좋아요."

자, 우리는 벌써 논리의 문을 열고 한 발을 디뎠습니다. '논리란 무엇인가' '논리의 정의' '논리의 연혁' '논리의 구성 요소'와 같은 너드nerd스러운 말들은 잊읍시다. 문제가 있고, 그에 대한 나의 생각이 있으며, 그 생각을 말로 표현했으면, 이미 우리는 논리의 첫걸음을 시작한 것입니다. 아마도 이미 다섯 살 무렵쯤부터 시작되지 않았을까요.

다만 우리의 문제점이라면 (슬프게도) 그 안에서 논

리가 시작되었다는 사실을 깨닫지 못했다는 점과, (더욱더 슬프게도) 거기서 어느 쪽으로 걸어 나가야 하는지를 배우지 못했을 뿐입니다.

"왜 아빠가 더 좋아?"
"왜냐하면……"

잠깐! 이 책을 통틀어, 그리고 소크라테스 이후 약 2,500년간 지속된 논리학의 역사를 통틀어 가장 중요한 말이 나왔습니다. "왜냐하면."

"왜?"와 "왜냐하면"은 어마어마한 차이가 있습니다. "왜?"는 논리가 아닙니다. 그러나 "왜냐하면"은 논리의 핵심 중의 핵심입니다. 아이(이 책은 의도적으로 유아적 질문을 언어논리 이야기의 출발점으로 삼기 있기 때문에, 모든 독자들을 때에 따라 "아이"라고 부를 것입니다)가 "왜?"라고 하는 것은 크게 기뻐할 일이 아닙니다. 그것은 단순한 궁금증에 불과합니다. 동물적 본능의 흔적일 뿐이지요.

아이가 "왜냐하면"이라는 단어를 쓰면 일단 환호할

일입니다. "왜?"라는 생각은 모든 동물이 (서로 각자의 방식으로) 할 수 있는 생각이지만, "왜냐하면"이라는 생각의 단계는 오로지 인간만이 오를 수 있는 단계입니다.

"왜냐하면"이라고 말한다는 것은, 고도의 지능을 사용하여 이성적 사고체계를 움직이기 시작했다는 가장 명확한 증거입니다. 인간사회가 뛰어난 논리적 사고체계를 활용하여 문제를 해결하고, 생각을 전달하고, 합의점을 도출해낼 수 있는 사람을 높게 평가하고, 그런 사람에게 높은 수준의 보상을 지급하며, 무엇보다 리더의 자격을 부여하는 이유도 그 때문입니다. 그런 사람이야말로 고도의 지능을 사용할 줄 아는 사람이기 때문이지요.

"왜냐하면"은 '논리천재'를 만드는 첫 번째 마법의 단어입니다. 마법의 단어라고 부르는 이유는 뒤에 나오는 논리 습관 부분에서 자세히 이야기할 것입니다.

이쯤에서 가슴에 손을 얹고 한번 생각해볼 일입니다. 당신은 지난 한 주 동안 "왜냐하면"이라는 표현을 몇 번이나 썼을까요? 매우, 매우 미안하지만 그런 표현을 쓸 필요가 없었다면 당신이 접하는 일상은 기계적인 단순 작업이었을 가능성이 높습니다. 그러나 만약 이 말이 필요했을 터인데 당신이 사용하지 않았다면 당신은 자신의 가치를 높이기 위해 필히 논리 공부를 시작할 필요가 있습니다. 물론 현대사회를 살아가는 대다수의 독자들은 후자일 것입니다.

아이에게 논리적 커뮤니케이션을 위한 학습 방법을 가르치면서 동시에 부모님의 논리적 소통 능력도 함께 되짚어볼 수 있는 기회인 점도 이 책의 큰 장점입니다. 뒤에서 보겠지만 언어논리력은 교재를 던져주고 암기시켜서 될 문제가 아닙니다. 가르치는 사람과 배우는 사람 간에 생성되는 논리적인 상호작용을 통해서 가르칠 때 가장 큰 효과를 얻을 수 있기 때문입니다. 마치 교과서만 쥐고 있으면 영어 문법 시험은 잘 볼 수 있을지 모르나, 직접 대화를 해보지 않고서는 외국인과 스스럼없이 영어로 대화하기는 어려운 것과 마찬가지입니다.

이 책을 부모님이나 지도교사의 도움 없이 혼자서

읽는 고등학생 이상의 독자들도, 이 책에서 배운 것을 꼭 주위 가족이나 친구, 동료 또는 그 누구에게라도 대화 중에 적용하거나 응용해보기를 꼭 권유합니다. 읽고 배워가면서 동시에 이를 적용해보는 것만큼 효과적인 방법은 없으니까요.

흔히 "아이들에게 논리 공부가 필요합니다"라고 하면 진리집합, 전칭명제, 존재명제, 한정명제 같은 (사실 부모들도 살면서 한 번도 써 보지 않은) 용어를 설명하고 외우게 하는 경우가 많습니다. 그러나 아이에게 있어 논리 공부의 목적은 아이가 논리적으로 생각하고 말하고 쓸 수 있도록 하기 위한 것이지요. 논리학은 이러한 목적 달성을 위해 이용하게 되는 수단일 뿐 논리학 학습 자체가 목적이 될 순 없습니다. 수단과 목적을 혼동하는 것은 실패에 이르는 지름길입니다. 이 책은 그러한 목적 달성에 최대한 충실히 다가가고자 합니다.

다시 말하지만 이 책은 논리학 책이 아닙니다. 언어 논리력, 논리적 커뮤니케이션 능력, 논리적 말하기와

글쓰기, 논리적 대화와 발표 능력을 기르는 책입니다. 그 차이를 명확하게 인식하는 것이 효율적이고 효과적인 방법으로 이 책의 목적 달성을 극대화하는 데에 매우 중요한 지점입니다. 책을 읽는 내내 이 점을 잊지 말아주세요.

언젠가 일간지를 통해 소개된 기사입니다. 의사소통 능력과 임금의 상관관계를 조사한 결과에 대한 보도인데요, 참고로 읽어보셔도 좋습니다.

'임금 높을수록 의사소통 능력 좋아', 〈중앙일보〉, 2009년 5월 8일자 ▶

우리 아이 논리 공부

"왜냐하면"이면 충분해

"엄마가 좋아, 아빠가 좋아?"

"저는 아빠가 더 좋아요. 왜냐하면……."

아이에게 어느 쪽이 좋으냐고 물었습니다. 이때 자기 의견을 말하면서 스스로 왜 그러한지를 이야기한 다면 이 아이는 논리적 사고체계를 갖춘 것입니다. 어찌 보면 당연한 말 같지만, 실상 중학교 이상의 학생들은 물론이고 대부분의 어른들도 그들의 말하는 내용을 자세히 들어보면, 자신의 의견을 던지기만 할 뿐 상대방에게 왜 그러한지는 말하지 않거나 말해야 한다고 생각하지도 않는 경우를 흔하게 볼 수 있습니다.

의견은 강하고 넘쳐나는데 근거는 없거나 빈약하거나 아예 생각해보지도 않은 것 같은 경우들입니다.

이런 사실을 확인할 수 있는 방법이 있지요. 직장 생활을 하는 부모님의 경우 직장에서의 회의 내용을 녹음해보거나, 학생들의 경우 학교에서 이뤄진 발표나 토론 내용을 녹음해서 들어보는 겁니다. 타인의 말하기 방식도 마찬가지입니다. 방송에서 쉽게 확인할 수 있는 기자회견이나 청문회 같은 프로그램을 녹음해서 들어보는 겁니다.

녹음한 것을 들은 다음에는 간단한 표를 하나 만들어서 질문자의 질문 요지는 무엇이고, 질문에 대한 답변자의 답변이나 의견은 무엇이며, 의견에 대한 근거는 무엇이고, 근거를 뒷받침하는 증거는 무엇인지 적어보세요. 그렇다면 근거와 증거 부분이 빠진 경우가 많은 사실을 쉽게 볼 수 있습니다.

대체 왜 사회에서는 논리적인 생각과 표현을 중요하게 생각하고, 논리가 허술한 사람에게 중요한 일이나 결정을 맡기는 것을 꺼려할까요? 그리고 왜 사회에서는 중요한 문제를 결정할 때 각자의 생각을 발표하고 서로 토론하고 회의를 할까요?

사회에서 의견을 주고받고 토론과 회의에 많은 노력을 들이는 것은 한 가지 믿음을 전제로 합니다. 일정한 능력을 갖춘 여러 사람들 간에 서로 생각을 주고받다 보면, 한 개인의 생각이 갖고 있는 오류를 발견하게 되고 이를 수정하는 대안을 찾게 될 테지요. 궁극적으로 여러 사람들이 수긍할 수 있는 진실 또는 정답에 더 가까이 갈 수 있다는 믿음이 따라오게 되는 겁니다.

이러한 믿음이 전제가 되지 않거나 될 수 없는 상황 아래서는 서로 생각을 주고받는 것에 시간과 노력을 들이는 일에서 아무런 가치를 찾을 수 없습니다. 길을 가다가 어깨를 부딪친 두 사람 간에 서로 누가 잘못했는지 시비가 붙는 경우처럼 말이지요.

그런데 인류는 오랜 역사와 경험을 통해, 설령 서로가 더 좋은 답을 찾고자 하는 믿음과 마음이 있다 하더라도, 사람들 간에 생각을 그저 주고받기만 해서는 원하는 바를 이룰 수 없다는 사실을 깨달았습니다. 각자의 생각을 일정한 틀에 맞추어 담아서 상대방에게 전달하고, 상대방 역시 그만의 생각의 틀에 담아 그에 대한 자신의 생각을 전해야 지적 능력의 협업이 이루어질 수 있다는 사실을 깨달은 것이지요. 마치 실과 실을 마구잡이로 겹쳐버리면 아무런 쓸모가 없지만, 틀에 맞추어 씨줄과 날줄로 교차하다 보면 돌덩어리도 담을 수 있는 가방을 만들 수 있는 것과 같은 이치입니다.

이렇게 사람들 간에 서로의 생각을 주고받을 때 개인의 생각을 담아야 하는 틀, 그것이 바로 논리적 사고의 틀입니다. 논리의 틀에 담지 않은 채로 자신의 생각을 던지는 일은 그저 감정의 배설일 뿐이며, 이성적인 생각의 활동이라고 할 수 없습니다. 그런 사람은 공동체에 기여하지 못하고, 공동체 역시 그런 사람을 인정하거나 그런 사람에게 크게 보상할 이유가 없습니다.

그래서 말싸움 실력과 언어논리력은 전혀 다른 것

이고 어쩌면 서로 상극입니다. 언어논리력의 가치를 알고 이를 자신의 귀중한 능력으로 활용할 줄 아는 사람은 평소에도 말싸움을 가까이 하지 않습니다. 그래서 언어논리력을 공부하거나 가르치려는 사람의 올바른 모습은 대화가 말싸움으로 변질되면 "내가 다시 한번 생각해보겠다" 정도로 마무리하고 더 이상 말싸움에 참여하는 어리석음을 범하지 않는 것입니다. 나나 상대방 모두 감정이 격해져서 쉽게 가라앉지 않을 것으로 보이고 서로 했던 말을 계속 반복하고 있으면 그 대화는 말싸움일 가능성이 높습니다.

언어논리력이 뛰어난 사람은 사회에서 리더로서의 지위를 쟁취하지만, 말싸움에서 이기는 사람은 (스스로 행한 감정 배설만 있었을 뿐) 사회에서 아무런 것도 얻지 못한 채 자신의 귀중한 시간과 노력을 낭비한 어리석은 사람일 뿐입니다. 그러니 방송에서 직업 정치인들 (또는 그렇게 되고자 하는 사람들)이 나와서 말싸움을 벌이고 있다면 내 귀중한 시간과 에너지를 들여서 그들 간의 배설물 던지기 싸움에 귀 기울일 필요가 없습니다.

그 사람들은 그런 일을 직업으로 하여 돈을 버는 사람들일 뿐이니까요.

엄마 아빠 중 누가 더 좋냐고만 물었는데 "저는 아빠가 더 좋아요. 왜냐하면……"이라고 말하는 아이는 이미 논리적인 사고 틀의 기본 골격을 갖춘 것입니다. 얼핏 보면 매우 간단한 표현 같지만, 그 속을 들여다보면 첫째, 내 생각을 전달하고, 둘째, 그 이유를 설명하며, 셋째, 이를 통해 자신의 생각을 상대방이 더 잘 이해할 수 있게끔 만들 필요가 있다고 여긴 것입니다.

아이가 말끝에 스스로 "왜냐하면"이라는 단어를 붙일 때 이에 대해 부모가 크게 기뻐할 줄 모른다면, 당신은 눈앞에 놓인 진주를 알아보지 못하고 있는 것일지 모릅니다.

이 책을 스스로 읽는 학생의 경우로 풀어서 얘기하면, 내 의견을 말하고 나서 적어도 내 머릿속에서 "왜냐하면"이라는 단어가 자동적으로 떠오르는 사람은 논리적 사고의 기본 틀을 갖춘 것입니다. 따라서 "왜냐하면"이 자동적으로 떠오르지 않는다면 항상 "왜냐

우리 아이 논리 공부

하면"을 머릿속으로 되새겨서 습관적으로 떠오르도록 해야 합니다. 이 부분은 뒤에서 소개되는 논리의 습관을 설명하는 부분에서 다시 한번 이야기할 것입니다.

감정 배설보다 설명이 먼저

개인적으로 지난 10여 년간 미국을 자주 오가야 했습니다. 워낙 넓은 나라이고, 서로 간의 생각과 수준의 격차도 엄청 큰 나라가 미국이지요. 이에 대한 인상도 다양하겠지만 미국이라는 나라에 대한 제 개인적인 인상은 한마디로 중구난방이었습니다(그 이유를 여기서 자세히 설명하는 것은 이 책의 취지와 맞지 않으므로 넘어가겠습니다).

그럼에도 불구하고 제가 미국을 높게 평가하는 (남들은 그리 주목하지 않지만) 특이한 부분들이 있는데, 그중 하나가 유치원생 아이들이 쓰는 말입니다. 어린 나이의 아이들의 입에서 "It's not fair, because……"라고 말하는 모습을 자주 보게 되었습니다. 우리말로 옮기자면 "그것은 타당(공정)하지 않아, 왜냐하면"이라고 말하는 것입니다.

추측해보건대, 어떤 물건을 형에게는 사주고 동생인 자기는 안 사준 상황인 것 같은데, 어린 동생이 "It's not fair, because"라고 말을 시작하는 것을 보면 한국에서 자란 저는 깜짝 놀라게 됩니다. 저는 그 나이 또래 우리나라 아이들이 "나도 사줘"라는 말을 반복하면서 점점 속도와 목소리를 빠르고 크게 내지르는 모습은 자주 보았지만 "이건 공평하지 않아. 왜냐하면"이라고 말을 시작하는 아이를 자주 보진 못했거든요. 사실 전혀 못 봤다고 하는 편이 맞겠군요.

"It's not fair, because"라는 말 안에는 생각보다 많은 의미가 숨어 있습니다.

첫째, 이 말에는 'It should be fair' 즉, 이 세상은 공정 또는 공평해야 한다는 생각이 전제되어 있습니다. 무엇이 공정하고 공평한 것인가요? 그 판단을 위해서는 지적인 사고능력을 먼저 갖춰야 합니다. 원래는 공정하고 공평해야 하는데 지금의 상황이 그렇지 않다고 말한다는 것은, 지금의 상황에 대해 자신이 지적인 사고능력을 동원하여 판단을 하고 있다는 것을 의미하기 때문입니다.

둘째, 자신이 현재 상황이 공정 또는 공평하지 않다는 점을 설명해내면, 자신의 이야기를 듣고 있는 엄마와 아빠가 'make it fair' 즉, 상황을 공정 또는 공평하게 만들도록 편들어줄 것이라는 믿음을 가지고 있다는 것을 의미합니다. 어떤 경우에나 항상 형이 무조건 옳다고 하는 부모라면 아이는 더 이상 공정이니 공평이니 따위의 말을 하지 않고 그저 때를 써서 원하는 것을 얻으려고 하겠지요. 아이가 부모에게 "It's not fair"라고 말한다는 것은 지적인 사고능력을 필요로 하는 공정 또는 공평이라는 가치를, 아이와 부모가 주고받으며 공유하고 있음을 의미합니다.

셋째, 'It's not fair' 뒤에 'because' 즉, '왜냐하면'이라고 근거를 제시한다는 것은 무얼 의미할까요? 지적인 판단을 요하는 공정 또는 공평을 이야기할 때에는, 그

우리 아이 논리 공부

렇다고 우긴다고 되는 것이 아니라('주장'이라고 합시다) 그 이유를 설명해야 함('근거' 또는 '입증'이라고 생각해둡시다)을 이미 알고 있다는 것을 의미합니다. 더 나아가서 "왜"라고 묻기도 전에 "왜냐하면"이라고 먼저 말한다는 것은, 내가 공평하지 않다고 주장했으면 그에 대한 이유도 내가 설명(근거 제시)해야 한다는 것을 이미 알고 있다는 뜻입니다('입증책임'이라고도 부르지요).

"It's not fair, because"라는 말 한 마디에 이처럼 많은 지적 사고의 노력들이 숨어 있습니다. 어떤 사람은 다

◈ 지식 한 스푼 ◈

신경가소성: 가소성 또는 뇌가소성이라고도 한다. 신경가소성(神經可塑性, neuroplasticity)은 성장과 재조직을 통해 뇌가 스스로 신경 회로를 바꾸는 능력이다. 100년 전만 해도 사람들은 뇌의 모든 뉴런들이 영유아기에 완성되고 이후에는 상실되기만 한다고 믿었다. 그러나 현대 과학은 인간이 태어나서 죽을 때까지 뇌가 끊임없이 변한다는 사실을 확인하였다. 말하는 방식이 생각하는 방식을 바꾸고, 생각하는 방식이 아이의 뇌가 작동하는 힘과 방식을 바꿀 수 있다.

섯 살 때부터 자신의 생각을 논리의 틀에 담아 표현하는 것이 습관이 되었고, 또 다른 누군가는 자신의 감정을 배설하듯 표현하는 것이 습관이 되었다면, 20년 후 두 사람이 얼마나 다른 모습과 경쟁력을 갖춘 성인이 되어 있을지 예상해볼 수 있겠지요?

핵심 키워드

왜냐하면　　생각의 전달　　주장　　사실　　입증

입증책임

한 걸음 더

사람들 앞에서 내 생각을 말할 때에는 '근거가 무엇인지'를 항상 염두에 두고 말해야 합니다. 우리나라 법률에서 '사실의 인정은 증거에 의하여야 한다'라는 점을 대원칙으로 정하고 있는 이유도 여기에 있습니다(형사소송법 제307조).

내 생각을 말하는 것은 펜 뚜껑을 열어 글을 쓰는 것이고, 근거를 제시하는 것은 펜 뚜껑을 닫는 일입니다. 뚜껑을 열어 쓰기만 하고 닫지 않으면 펜이 말라버려 다시 쓸 수 없듯이, 내 생각만 말하고 근거를 말하지 않으면 사람들은 그때부터 당신의 말에 귀를 기울이지 않을 것입니다.

방파제 건설의 딜레마

지구 온난화로 바다의 해수면이 점점 올라가고 있다. 바닷가에 땅을 사서 집을 지은 사람들이 주택을 둘러싼 자신의 땅 면적이 해마다 줄어드는 것을 보고만 있을 수밖에 없는 현실이다. 그리고 이런 사례를 가진 주인들이 점차 많아지고 있다.

집주인들은 자기의 땅이 계속 줄어드는 것을 막기 위해 바닷가에 방파제를 지어서라도 자신의 토지를 지키려 한다. 하지만 당국에서는 이렇게 지어지는 방파제로 인해 바닷물의 자연스러운 흐름이 막혀버리게 되고 결국 환경 오염을 초래할 것이라 경고한다. 방파제 건설 요구가 사실상 거절된 것이다.

1) 위의 사례를 읽고, 집주인의 입장과 당국의 입장
중 나는 어느 쪽을 지지하는지 말해봅시다.

....

....

....

2) 그런 다음 "왜냐하면"을 붙여서 그 이유를 말해
봅시다.

....

....

....

3) 이번에는 처음 선택한 것과 반대 입장을 선택한 후
이 역시 "왜냐하면"을 붙여서 이유를 만들어봅시다.

....

....

....

4) 어느 쪽을 먼저 선택했는지는 중요하지 않습니다. "왜냐하면"이라는 말 뒤에 고개를 끄덕일 만한 정도의 이유를 말할 수 있는지가 중요합니다.

'해안가 주택 소유주, 해수면 상승에 대한 정부 대응 반대'
하와이 KBFD TV 2023년 2월 7일자 ▶

....

....

....

....

....

....

....

....

....

2장

생각의 근육을 키우는 시간

우리는 흔히 "내 말이 틀렸어?"라는 말을 자주 듣고
자주 던지게 됩니다. 옳은 말은 지식이 필요하지만,
적절한 말은 지혜가 필요합니다.

질문이 바뀌니 대답이 바뀌다

"저는 아빠가 더 좋아요. 왜냐하면, 아빠는 저를 사랑하기 때문이에요."

"그럼 엄마는 곰돌이를 사랑하지 않니?"

"엄마도 저를 사랑해요." (침묵)

자, 이제 논리적 대화법에서 질문자의 역할에 대하여 생각해봅시다. 이 부분은 아이에게 논리적인 사고 능력을 키워주는 부모의 경우뿐만 아니라, 학교에서 회의를 논리적으로 이끌어가야 하는 학급회장(또는 그 후보자)에게도 매우 중요합니다.

흔히 '논리력'이라고 하면 자신의 생각을 말하는 경

우만 생각합니다. 그러나 생각해봅시다. 논리의 시초라 불리는 소크라테스는 왜 제자들에게 '논리는 이런 것입니다'라고 가르치지 않고, 그저 질문을 하고 답을 듣고 다시 질문하기를 반복했을까요? 이런 질문들이 어떻게 플라톤과 그 뒤를 이은 아리스토텔레스를 논리의 천재들로 키워냈을까요?

앞서 말한 것처럼 논리라는 것은 자기 혼자만의 생각이나 감정을 배설해내는 것이 아니라, 서로 다른 사람 사이에 서로 다른 생각을 주고받는 틀입니다. 그래서 나만 논리적으로 말한다고 논리적 사고와 표현이 완성되는 것이 아니라, 내가 상대에게 어떻게 질문하는지 역시, 어떨 때는 오히려 더 중요할 정도로 논리적 대화를 완성하는 데 있어 절대적인 요소입니다.

◈ 지식 한 스푼 ◈

문답법은 비판적 사고의 과정을 이끌어주는 방법 중 하나입니다. 소크라테스식 대화법Socratic method 또는 산파술이라고도 합니다.

우리 아이 논리 공부

앞서의 대화를 다시 봅시다. 아빠와 곰돌이 사이의 대화는 이제 끊겼습니다. 곰돌이는 이제 무슨 생각을 할까요? 아무 생각도 하지 않습니다. 대화만 끊긴 것이 아니라, 곰돌이의 생각 바퀴도 멈춰 선 것입니다. 이럴 때 질문을 바꿔보면 어떨까요.

"저는 아빠가 더 좋아요. 왜냐하면, 아빠는 저를 사랑하기 때문이에요."

"그렇구나! 근데 엄마도 곰돌이를 사랑할 텐데, 아빠가 더 생각난 다른 이유가 또 있을까?"

"음. 아빠는 저를 더 많이 안아줘요."

자! 질문이 바뀌니 대답이 바뀌었습니다. 그뿐인가요? 대답이 바뀌니 생각의 흐름도 바뀌었습니다. 그래서 부모가 아이와의 대화를 어떻게 이끌어주느냐에 따라 아이의 생각의 발걸음도 달라지는 것이지요. 적당한 자극을 주면서 대화를 이끌어주면 아이가 미처 자신도 생각지 못한 것을 말하게 되고, 그러면서 아이의 생각 근육이 성장해가는 것입니다.

아이들뿐만 아니라 부모들이나 성인들도 직장에서 마찬가지입니다. 자신이 준비한 사업계획서를 논리적으로 한 시간 동안 열심히 설명해보세요. 돌아오는 것은 반쯤 잠든 다른 팀원들의 지친 표정뿐입니다.

흔히들 '논리'라고 하면 따분하고 지겨운 이미지부터 먼저 떠올리게 되는 이유가 여기에 있습니다. 원래 주고받으면서 생각을 키워가고 정답에 가까워지도록 만들어진 것이 논리일 텐데, 그런 논리를 두고 자신의 생각을 쏟아내기만 하는 수단으로 사용하였으니 그 과정이 제대로 돌아갈 리가 없었겠지요. 원했던 성과 또한 얻어질 일이 없었을 테고요.

자꾸 청중들의 질문을 유도해가면서 청중의 질문을 자신의 발표 내용에 대한 관심으로 생각하며 이를 반기는 사람이 있는가 하면, 누가 질문을 하면 '내 말이 틀렸다는 거야?' 하는 표정을 지으며 째려보는 사람도 있습니다. 어떤 이의 발표가 더욱 잘 전달될지 쉽게 예상해볼 수 있겠지요.

우리 아이 논리 공부

이성과 감정을 구분 못하는 부모

"엄마, 무서워."

"무섭긴 뭐가 무서워!"

여기서 잠깐. 논리적 말하기의 기본을 이해하기 위하여 우리가 반드시 알아야 하는 두 가지 단어가 있습니다. 제가 강연 중에 그 단어가 무엇일지 물어보면 대부분 '주장'과 '근거'라거나, '원인'과 '결과' 같은 단어를 이야기합니다. 맞는 말입니다. 그런데 이런 것보다 더 윗단계에서 알고 구분해야 할 단어가 있습니다. 바로 '이성'과 '감정'입니다. 논리 공부에서 이성과 감정에 관하여 기억해야 할 것은 다음의 세 가지입니다.

첫째, 합리적이어야 하는 것은 감정 자체가 아니라 감정에 대한 대응 방법(태도)입니다.

둘째, 내 머릿속에서 논리적 생각을 정리할 때에는 나의 감정이 끼어들지 않도록 해야 합니다.

셋째, 상대방에게 내 생각을 전달할 때에는 상대방과의 감정적 유대를 잊지 말아야 합니다.

위의 세 가지는 부모님이나 지도교사가 완전하게 이해하고 있어야 아이나 학생의 언어논리력을 효과적으로 향상시킬 수 있습니다. 그래서 이 부분에 대해서는 이번 단락과 다음 단락에 걸쳐 최대한 자세하게 설명해 보겠습니다.

인간의 뇌는 크게 두 가지로 나누어서 생각할 수 있습니다. 여기에는 여러 가지 이름을 붙일 수 있지만, 쉽게 이해하기 위하여 (정확한 이름은 아니지만 편의상) '이성 뇌'와 '감정 뇌'라고 부릅시다. 이에 관하여 보다 정확하고 깊이 있는 설명을 원하는 독자는 노벨경제학상을 수상한 천재 심리학자 대니얼 카너먼의 명저 《생각에 관한 생각》(원제 《Thinking, Fast and Slow》)을 권해드립니다.

감정은 외부 반응에 대하여 빠르고 강하게 작용합니다. 어두운 길에서 누군가 나를 향해 팔을 휘두를 때 '이 팔은 누구의 팔일까' '왜 이 사람은 나에게 팔을 휘두르는 걸까' '나는 지금 이 팔을 피해야 할까, 아니면 누구의 팔인지 먼저 확인해야 할까' 등의 생각을 하고 있다가는 나쁜 사람에게 맞아 죽기 십상입니다. 즉각적으로 두려움을 느끼고 순간의 강한 에너지로 상대를 막고 피해야 합니다. 생각은 그 후에 할 일입니다.

돌이켜 생각해보면 이러한 즉각적이고 강한 감정 반응을 보인 유전자가 생존에 좀 더 유리한 위치에 있었을 테고, 우리들은 그러한 사람들의 후손일 가능성이 높습니다. 그러니 정보가 충분하지 않은 외부 자극에 대하여 즉각적이고 강한 감정 반응은 지극히 당연

뇌를 현명하게 만드는 호흡

우리의 뇌는 한정된 혈액과 에너지를 소모하여 작동합니다. 너무 슬프거나 흥분한 상태에서는 감정이 많은 에너지를 소모하고 있어서, 우리의 이성적 사고 능력과 학습 성과가 현저히 떨어집니다. 감정적으로 안정된 상태일 때 감정의 에너지 소모가 가장 낮아지는데, 이때 우리의 이성은 감정과 반비례하면서 가장 효과적으로 작동될 수 있습니다. 사람이 스스로 조작할 수 없는 부분을 '인간의 내부(예를 들어 공포심이나 심장박동)'라 하고, 스스로 조작할 수 있는 부분을 '외부(예를 들어 생각하기나 팔다리 움직이기)'라고 생각해봅시다. 그렇다면 인간 내부의 상태는 외부의 성능에 큰 영향을 미치지만, 거꾸로 인간이 외부 요소를 조작하여 내부를 변화시키기는 매우 어렵습니다.

그런데 유일하게 외부의 조절로 내부를 변화시킬 수 있는 내외부 간의 연결통로가 하나 있는데 그것이 호흡입니다. 예를 들어 빨라진 심장박동을 내 의지로 조절할 수는 없지만 호흡을 통해서는 가능합니다. 고대부터 인류가 호흡 조절을 중요하게 다루고 현대 과학이 호흡에 집중하는 명상의 효과를 과학적으로 검증한 것은 우연이 아닙니다.

한 생존 본능에 가까운 것이지요.

감정은 '논리'나 '합리'가 관여할 영역이 아닙니다. 논리나 합리는 이성의 영역에 관련된 개념이니까요.

감정은 합리적일 수 없으며, 합리적일 필요도 없고, 합리적이기 위해 노력할 필요도 없습니다. 그래서 상대방의 감정에 대하여 합리적일 것을 요구한다면 그는 어리석은 사람일 뿐입니다. 상대에게 왜 그리 합리적이지 못하냐고 화를 낸다면 더욱더 어리석은 사람일 테고요.

합리는 감정에 대한 반응 단계에서 적용되는 것이지, 감정 자체에 합리를 요구해서는 안 됩니다. 나의 감정, 또는 상대방의 감정에 대하여 내가 어떻게 대응하고 어떠한 행동을 취할 것인지에 대한 생각의 단계로 넘어와야 비로소 이성의 영역에 도달한 것입니다. 이때 '논리'와 '합리'를 이야기할 수 있는 것이지요.

논리를 어설프게 잘못 배운 사람들이 가장 많이 하는 실수가, 위와 같은 이성과 감정의 역할을 거꾸로 적용하는 것입니다. 감정에 대해 합리적일 것을 요구하고(처음부터 그럴 수 없지만), 그것이 뜻대로 되지 않으니 정작 그에 대한 대응 및 반응은 비합리적인 방식을 보일 수밖에 없겠지요. 이 부분에 관하여 좀 더 깊이 있는 이야기를 듣고 싶은 독자라면 정혜신 박사의 《당신이 옳다》를 읽어보면 좋을 것입니다.

이러한 경우로 가장 자주 보게 되는 예가 상대방의 감정을 부정하는 경우입니다. "엄마, 무서워"라고 호소하는 아이에게 "무섭긴 뭐가 무서워!"라고 말하는 엄마의 모습을 떠올려봅시다. 엄마는 아마도 이러한 생각이었을 겁니다.

'너는 방 안에 들어가서 네가 원하는 장난감을 가지고 나오면 돼. 엄마가 바로 가까이 거실에 있잖아. 방 안에 너를 해칠 만한 것이 없다는 걸 너도 알고 나도 알고 있어.'

그렇기 때문에 아이가 장난감을 가지고 나오는 그 간단한 일을 두고 무서워하는 건 엄마가 보기에 '비합리적'인 것이 되는 거죠.

브라보! 이 엄마의 논리는 빈틈없이 완벽합니다. 다만 '이성' 영역의 '논리'를 '감정' 영역에 잘못 사용했다는 것이 문제인 거지요. 왼쪽 이가 썩은 환자를 눕혀놓고 오른쪽 이를 뽑아준 격입니다. 이제 이 아이는

우리 아이 논리 공부

점점 더 엄마에게 자신의 감정을 솔직히 이야기하지 않을 것입니다. 아이의 감정은 앞으로도 비합리적일 예정이니까요.

감정과 싸우지 마십시오. 싸워서는 이기지 못합니다. 감정을 이용해야 이깁니다.

물음표가 아닌 느낌표로 말할 때

"엄마가 좋아, 아빠가 좋아?"

"아빠요."

"엄마는 왜…… 싫어!"

아무래도 엄마의 심기가 불편해진 듯하지요? 물음표가 아니라 느낌표가 붙었습니다.

'감정'의 영역에서 '논리와 합리'를 이야기하는 오류만큼이나 자주 접하는 정반대의 오류가 있습니다. 논리적인 말하기에 있어서 '감정은 아무 관계가 없다'는 생각입니다. 흔히 '논리'라고 말하면 딱딱하고 메마르고 정 없고 재미없는 사람을 먼저 떠올리는 것도 이러

우리 아이 논리 공부

한 오류들이 널리 퍼져 있기 때문이지요.

여기서 우리는 논리적인 '생각'(생각 만들기)과 논리적인 '말하기'(전달)를 구별할 수 있어야 합니다. 내 머릿속에서 논리적인 생각을 해나갈 때에는 감정적인 요소를 최대한 배제시켜야 합니다. 이것이 옳은지 저것이 옳은지 생각할 때, 저것이 옳다고 말한 사람이 평소 내가 싫어했던 친구인 사실을 자꾸 떠올리면 그때부터 논리적인 생각을 펼쳐나가기 어렵습니다.

그래서 자기 스스로 논리를 구성할 때에는 최대한 감정적인 요소를 배제시켜야 합니다. 앞에 것과 이어보면 (1) 감정에 합리를 요구하지 말고 (2) 생각에 감정을 개입시키지 말라는 결론이 되겠지요.

나 스스로 논리를 구성(생각 만들기)한 뒤, 그 다음 단계로 이루어진 '논리적 말하기'는 나의 생각을 논리적인 방식으로 상대방에게 전달하는 것입니다. 상대방이 존재해야 하고, 주고받는 형식이어야 하며, 무엇보다 교감하는 일입니다. 자신의 생각을 전달하는 일이므로 실제로 상대방에게 정확히 전달되어야 효과가 있는 것입니다.

"Work Smarter, Not Harder"라는 말을 들어보셨을 것입니다. 아무리 내 생각이 옳다고(또는 논리적이라고) 한들 그것을 상대방에게 전달할 수 있는 능력이 없으면 소용이 없습니다. 100 곱하기 0은 0일 뿐입니다. "내 말이 틀렸어?"라고 화를 내봐야 아무 소용없습니다. 생각이 틀렸다는 것이 아니고 제대로 전달되지 않고 있다는 이야기를 하는 것입니다. 앞에 것들과 이어서 완성해보면 (1) 감정에 합리를 요구하지 말고 (2) 생각에 감정을 개입시키지 말고 (3) 전달할 때 상대방

◈ 지식 한 스푼 ◈

A약을 사용하면 100명 중 20명을 살릴 수 있고 B약을 사용하면 사망률이 80퍼센트인 경우라면, 더 많은 사람이 A약을 선택할 것입니다. A약을 사용하면 100명 중 80명이 죽게 되고 B약을 사용하면 생존율이 20퍼센트라고 말하면 더 많은 사람이 B약을 선택할 것입니다. '살린다' 또는 '죽게 된다'라는 말에 담긴 우리의 감정이, 위의 두 가지 경우가 모두 동일한 결과라는 이성의 사고를 방해하는 것이지요.

우리 아이 논리 공부

의 감정을 배려하라는 말이 됩니다.

　사람과 사람이 서로 상호 교류를 할 때에는 언제나 인간의 이성 뇌와 감정 뇌가 함께 작동합니다. 그리고 그 둘은 상호 긴밀하게 영향을 미치게 마련이지요. 논리 공부를 위해서 텔레비전의 토론 방송을 본다 해도 도무지 도움이 되지 않을 것입니다. 토론자들을 보면 다들 배운 만큼 배운 사람들이고, 나름 자기주장에 대한 근거를 제시하면서 논리를 전개해 나가는데, 왜 정작 논리적인 말하기 공부에 전혀 도움이 되지 않을까요?

　토론 방송을 보면 서로가 상대방에 대하여 강한 감정적 반감을 가지고 출발을 합니다. 토론 과정에서는 자기주장과 근거 제시에만 힘을 쏟을 뿐, 상대방과의 감정적 반감을 줄여나갈 노력은 전혀 보이지 않습니다. 오히려 대부분의 경우에는 후반전으로 들어가면서 쓸데없이 상대방의 감정을 자극하는 말들을 주고받으며 감정적 반감을 더욱 확대시키다 끝이 나기 마련이지요.

이성은 플러스 50, 감정은 마이너스 50, 합해서 제로에서 토론을 시작합니다. 그러다 한 시간 동안 토론하고 나면 논리적으로 플러스 10만큼을 향상시켰지만 상대의 감정을 마이너스 30만큼 더 나쁘게 만들어 결국 마이너스 20으로 상황만 악화되는 겁니다. 그렇게 서로 간의 거리만 더 멀어진 채 토론이 끝나고 맙니다.

흔히 논리 공부라고 하면 참, 거짓, 주장, 입증 같은 기술적인 이야기부터 시작합니다. 그동안의 우리 논리 공부가 성공적이 못했던 핵심적 이유가 여기에 있는 것이지요. 무슨 공부든지 핵심 개념을 잘못 이해하고 출발하면 아무리 열심히 달려봐야 성공에 조금도 가까워지지 않습니다.

감정은 논리가 관여할 영역이 아닙니다. 더 쉽게 말하면 '비합리적 감정'이라는 말 자체가 오류입니다. 다른 한편으로, 논리적인 말하기(전달)에 있어서 감정 영역을 무시하는 것 역시 오류입니다. 상대방과의 감정적 유대를 유지하거나, 감정적 반감을 줄여나가려는 노력 없이, 오직 자신의 주장이 얼마나 논리적인지에만 핏대를 세우는 것은 정말로 어리석은 모습이지요.

이 두 가지 오류만 범하지 않아도 이미 당신은 '논리'라는 말을 입에 담을 자격을 얻은 셈입니다. 논리 공부에서 이성과 감정을 제자리에 정확하게 놓을 줄만 알아도 최종 목적지를 정면으로 바라볼 수 있게 된 겁니다.

논리적 생각과 말하기에서 이성과 감정을 제자리에 두기 어려운 이유 중 하나는, 우리가 생각과 말하기를 동시에 하기 때문입니다. 그래서 생각은 감정의 개입으로 부정확해지고, 말하기는 감정적 유대가 부족하여 반감을 사게 되는 것이지요. 가장 쉬운 해결법은 생각을 글로 먼저 쓰고, 이를 상대방에게 잘 전달하는 연습을 함으로써 두 가지를 서로 분리시키는 것입니다. 춤 연습을 할 때 동작이 잘 안 되면 보통 어떻게 연습하던가요? 구분 동작으로 나누어 따로 연습한 후에 각각의 구분 동작이 완성되면 그 때 비로소 두 가지 구분 동작을 연결시켜서 진행하지요. 이와 같은 원리인 것입니다.

우리는 흔히 "내 말이 틀렸어?"라는 말을 자주 듣고 자주 던지게 됩니다. 옳은 말은 지식이 필요하지만, 적절한 말은 지혜가 필요합니다. 어떻게 전달하는지 가(적절하지 않음) 문제인데 무엇을 전달하였는지를(틀리지 않음) 이야기하면 문제가 해결될 가능성은 0퍼센트로 수렴합니다. 혹시 "내 말이 틀렸어?"라고 말하는 자신을 발견한다면 상황과 상대방을 생각할 때 "내 말이 적절하였나?"라고 스스로에게 물어보십시오. 아닐 가능성이 높습니다.

우리는 상대방과의 의사소통에 있어서 '무엇을' 전달할지만큼이나 '어떻게' 전달하는지가 중요하다는 사실을 잘 알고 있습니다. 그러면 한정된 시간과 노력을 정보 수집(무엇을)과 효과적 전달(어떻게)에 5씩 분배하여 25의 성과를 거두는 것이 현명합니다. 그런데 많은 경우, 우리는 정보 수집에 9의 시간과 노력을 쏟고, 전달 방법에는 딱 1만을 분배하여 둘을 곱한 성과가 겨우 9에 그치게 되지 않던가요. 종합점수를 25의 3분

우리 아이 논리 공부

의 1 수준으로 떨어뜨리는 어리석음을 범합니다.

'무엇을'에만 몰두한 나머지 '어떻게'를 소홀히 한 결과가 그러합니다. 그래놓고 자신도 남들만큼 열심히 했는데 왜 결과가 좋지 않은지 한탄하는 어리석음을 보이고 말지요. 이럴 땐 답해줄 수 있는 말이 이것뿐입니다. "Work Smarter, Not Harder."

'논리적인 생각 전달'이라는 성과를 달성하기 위해 아래의 세 가지만 꼭 기억합시다.

첫째, 합리적이어야 하는 것은 감정 자체가 아니라 감정에 대한 대응 방법(태도)이다. 감정은 비합리적인 것이다.

둘째, 내 머릿속에서 논리적 생각을 정리할 때에는 나의 감정이 끼어들지 않도록 해야 한다. 곧 생각은 차갑게.

셋째, 상대방에게 내 생각을 전달할 때에는 상대방과의 감정적 유대를 잊지 말아야 한다. 따뜻한 전달의 자세를 유지하자.

'무엇을'에 집착하는 예로 만보 걷기를 들 수 있습니다. 우리는 자신이 올바르게 걷고 있는지('어떻게') 확인해보지 않고, 얼마나 걸었는지('무엇을')에 집착하며 스마트 시계로 매일 걸음 수를 확인하고 채우기까지 합니다.

그러나 걸음은 어떻게 걷는지에 따라 건강에 도움을 줄 수도 있고, 관절을 퇴행시킬 수도 있습니다. 따라서 올바르게 걸었는지('어떻게') 여부를 알 수 없는 상태에서 하루 만 보를 걸었다는 사실('무엇을')만으로는 내가 건강을 증진시켰는지 퇴행시켰는지 그 성과를 알 수 없습니다.

 핵심 키워드

. . . .

이성과 감정   감정에 대한 대응   무엇을 / 어떻게

생각의 전달과 감정적인 유대   생각과 말하기의 분리

생각의 정립과 감정의 배제

. . . .

한 걸음 더

증명 방법 중에 '반증'이라는 요소가 있습니다. 어떤 사실이나 주장이 옳지 아니할 때 그에 반대되는 근거를 들어 이 옳지 않음을 증명하는 것을 말합니다. 예를 들어 아이가 어떤 책을 사주면 처음부터 끝까지 열심히 읽겠다고 주장할 때 "지난번에도 그 책을 샀을 때 네가 지금처럼 얘기했었어. 그런데 안에 들어 있는 매직카드만 갖고 정작 책은 안 읽었잖아"라고 말하는 것도 반증이라고 할 수 있습니다. 여기에 반증으로 그치는 것이 아니라 감정적인 '유대'를 반영하면 어떨까요. "지난번 샀던 그 책 1권을 먼저 다 읽고 나서 2권을 읽을 것인지 그때 다시 얘기해볼까?"라고 말입니다.

나만의 논리 스피치

격한 토론에서의 감정 다스리기

한때 우리 사회를 시끄럽게 달궜던 국정화 교과서에 관한 토론을 다시 한번 들어봅시다. 전체를 보기 어려우면 마지막 발언 부분만 보아도 좋습니다. 특히 유시민 작가가 상대방의 감정적 반감을 최소화하기 위해서 어떠한 말을 하는지 유념하여 듣고 이를 적어봅시다.

여기서 잠깐! 이 책에 인용된 기사나 영상은 논리 공부에 필요한 교재일 뿐입니다. 여기에서 엉뚱하게 자신의 지지 정당이나 정치적 견해, 발언자에 대한 호불호의 감정을 개입시켜 논리 공부를 방해하는 일이 없도록 합시다. 자신의 생각을 전달함에 있어서 상대방의 감정적 반감을 최소화하기 위해서 노력하는 다른 사람들의 사

우리 아이 논리 공부

례를 #우아논공 해시태그로 널리 공유하는 것이 시대에 맞는 공부 방법이 아닐까 생각됩니다.

jtbc 〈밤샘토론〉 '국정화 블랙홀에 빠진 대한민국' 편 ▶

....

....

....

....

....

....

....

....

....

3장

차이가 보이니, 논리가 보인다

이 많은 우수한 인재들 중에 어떤 사람을 뽑을까요?
이런 질문에 저의 대답은 정해져 있습니다.
후보자들 중에 '1등'인 사람과 '남들과 다른 사람'을
뽑는다고 답합니다.

"어떤 점이 서로 다를까?"

"곰돌이는 엄마가 좋아, 아빠가 좋아?"

"저는 아빠가 더 좋아요. 왜냐하면 아빠는 저를 사랑하니까요."

"그럼 장군이는 엄마가 좋아, 아빠가 좋아?"

"저도 아빠가 더 좋아요. 엄마 아빠 모두 저를 사랑해줘요. 하지만 아빠는 저랑 축구를 같이 해줘요. 저는 축구할 때가 가장 좋거든요."

논리는 '다름'에서 출발합니다. 논리의 궁극적인 목적은 어느 것이 옳고, 어느 것이 틀렸는지를 알기 위함입니다. 이것이 옳고 저것이 틀렸다고 판단하기 위해서는 제일 먼저 이것과 저것이 어떻게 다른지를 알수 있어야 하고, 또 말할 수 있어야 합니다.

어떻게 하면 이것과 저것의 차이를 잘 찾아내고 이를 상대방에게 잘 설명할 수 있을까요? 이 책의 뒤에서 자세히 설명하겠지만 논리는 습관입니다. 두 가지 선택지를 두고 서로 어느 면에서 다른지 물어봐주고, 함께 생각해주고, 같은 이야기라도 자꾸 다른 방법으로 전달하기를 반복하다 보면, 예전에는 보이지 않았거나 남들에게는 잘 보이지 않는 차이점도 짧은 시간에 선명하게 포착해낼 수 있을 겁니다. 이것이 남들에게 잘 설명해줄 수 있는 '생각 근육'이 발달하게 되는 비결인 거지요.

영국 런던에서는 택시 운전을 하기 위해 자격시험을 볼 때 런던의 모든 거리를 상세히 익혀야만 그에 대한 시험을 통과해서 면허를 딸 수 있다고 합니다. 그런데 런던 택시기사들의 뇌를 검사해보니 공간 기억력을 관장하는 중요한 뇌의 부분인 해마 영역이 일반인에 비해 훨씬 크다는 것을 발견했답니다. (QR 참조)

우리 아이 논리 공부

'런던의 택시기사도, 한국의 직장인도 기존 전제 버려야
고수 될 수 있어', 송규봉, 동아비즈니스리뷰(DBR) ▶

　이러한 연구 결과만 보아도, 아이가 올바르게 생각하는 연습을 반복하면, 그리고 이런 반복 연습을 할 수 있도록 어른이 도와준다면 아이의 뇌도 그에 맞게 발달할 수밖에 없겠지요. 일상 속에서 수시로 다른 점을 찾아버릇하고 다른 방법으로 표현해보려는 노력은, 내 생각을 남들에게 매력적으로 전달하고 그 속에서 기회요소를 찾는 데에 있어서도 중요한 역할을 합니다.

　아이가 자라는 과정에서 처음으로 남들 앞에 서서 조리 있게 말을 해야 하는 상황으로 어떤 일이 대표적일까요? 아마도 학교에서 반장 또는 회장 선거를 할 때인 경우 아닐까요. 시중에서는 회장 선거를 준비하는 아이들에게 공약 발표나 연설을 잘 할 수 있도록 가르치는 학원들도 성행한다 합니다.

　그렇다면 아이들은 무슨 말을 하면서 자신에 대한

지지를 호소할까요?

자신이 반장이나 회장이 된다면 항상 학우들의 이 야기에 귀를 기울이고, 학우들의 의견이 학교생활에 적극 반영될 수 있도록 할 것이며, 언제나 가고 싶은 학급, 혹은 즐거운 학교가 될 수 있도록 자신을 헌신 할 것이라고 말합니다. 제가 어떻게 아냐고요? 모두 똑같이 이야기하니까요. 학교 회장 출마에서의 연설 에 관해서는 뒤에서 몇 번 더 살펴볼 것입니다.

그렇다면 우리 어른들의 모습은 아이들과 다를까요? 저는 김앤장 법률사무소에서 근무했을 때 잠시 신입 변호사들을 뽑는 일을 맡았었습니다. 지금 제가 몸담 고 있는 사무실은 변호사들 사이에서 인기가 꽤 있어 서, 두 명 정도 새로 변호사를 뽑으려 하면 200명 정도 의 변호사들이 지원을 합니다.

그러면 저는 이 많은 우수한 인재들 중에 어떤 사람 을 뽑을까요? 이런 질문에 저의 대답은 정해져 있습니 다. 후보자들 중에 '1등'인 사람과 '남들과 다른 사람' 을 뽑는다고 답합니다.

우리 아이 논리 공부

우리 아이가, 또는 내 자신이 회사에서 1등이라면 군이 다르게 보이려 애쓸 필요가 없습니다. 1등에게는 언제나 기회가 오기 때문이지요. 다시 말해 1등이라는 사실 자체가 나머지 199명과 이미 다른 점이 되었으니까요. 하지만 1등은 언제나 한 명뿐입니다. 200명 중에 199명은 1등이 아닙니다. 한 번 1등이었다 하더라도 계속 1등을 유지할 확률은 더욱더 낮습니다.

그러면 대부분 199명에 속할 우리는 어떻게 기회를 잡아야 할까요. 내 자신이 남들과는 어떠한 점이 다른지 스스로 생각해보지 않거나, 생각해 보았지만 제대로 말하지 못한다면 내게 기회가 올 확률은 그만큼 낮아질 수밖에 없답니다.

이미 경험을 통해 충분히 알게 되지 않던가요. 남들과 다르게 행동한다고만 해서 그 '다름'이 주는 기회라는 것이 쉽사리 찾아오지는 않는다는 것을요. 그러한 기회는 어려서부터 (아니면 지금부터라도) 꾸준히, 이것과 저것이 무엇이 다른지 분별하고, 그 다름 속에 어떠한 기회 요소가 있는지 생각하는 힘을 길러야 합니다. 그래야 그 '다름'을 설명하는 일에 익숙해지며 그로 인한 기회도 얻을 수 있습니다. 어떻게 그러한 능력을 기르고 가르칠 수 있는지, 계속 이어서 살펴보 겠습니다.

우리 아이 논리 공부

"더 좋았던 때가 언제였니?"

"저는 아빠가 더 좋아요. 왜냐하면 아빠는 저를 사랑하니까요."

"아, 그렇구나. 엄마도 곰돌이를 사랑하실 텐데……혹시 아빠랑 있는 시간이 더 좋았던 때가 언제였을까?"

"아빠는 저랑 축구를 같이 해줘요. 저는 축구할 때가 가장 좋거든요."

'다름'을 말할 수 있어야 분별할 수 있고, 왜 내 주장이 맞고 반대 주장이 틀린 것인지 설명할 수 있습니다. 그런데 논리 공부에 있어서 다름을 찾는 일은 색맹 검사와 달라서 가만히 쳐다만 본다고 해서 저절로 다른 부분들이 보이는 것이 아닙니다.

논리 공부는 생각하는 힘을 기르는 일이고, 생각하는 근육을 발달시키는 일입니다. 근육에 의도적으로 무게를 가해서 일정한 수축과 이완을 반복하면 근육이 발달하는데 이것이 바로 근력운동의 원리입니다. 근력운동을 통해 힘과 지구력이 나오는 거고요.

논리 공부도 마찬가지입니다. 다만 차이점이라면 근육은 눈에 보이지만, 논리 공부는 보이지 않는 사람의 생각과 판단을 다룬다는 점입니다.

산업화 이전 시대에는 (장군과 같이) 완력이 센 사람이 리더였고, 산업화 이후 시대에는 (석유 재벌과 같이) 굴뚝 공장과 같은 산업시설을 많이 가진 사람이 리더였지만, 현재의 디지털 정보화 시대에는 생각하는 힘을 갖춘 사람이 리더로 인정받습니다. 실제로 현시대를 이끌고 있는 구글과 애플, 글로벌 금융기업과 로펌들은 어떠한 사람들을 필요로 할까요? 힘이 센 사람, 장비를 많이 갖춘 사람일 리 없겠지요. 오로지 생각의 힘이 강한 사람, 생각하는 근육이 잘 발달된 사람이

우리 아이 논리 공부

필요할 뿐입니다.

논리 공부에서 다름을 말한다는 것은 결국 내 생각의 힘을 이용하여 쉽게 보이지 않는 둘 사이의 차이점을 찾아내는 지적활동을 의미합니다. 그래서 "뭐가 다른지 잘 생각해봐!"라고 아이에게 화내면서 이야기할 일이 아니겠지요. 아이가 이러한 지적활동을 할 수 있도록 옆에서 도와주는 방법이어야 합니다. "잘 모르겠어요"라고 할 때 "그러면 어제 엄마랑 있었던 일과 아빠랑 있었던 일을 하나씩 생각해볼까?"라고 지적인 안내를 해주는 것이 옳은 방법입니다.

어른의 직장생활을 떠올려봐도 마찬가지입니다. 먼저 '다름'을 말한 후에 '선택'을 해야 하는 경우가 많을 테니까요. 가령 협력업체를 정해야 할 때 A업체와 B업체 중에 어느 쪽을 선정하는 것이 좋을지 의견을 말하는 순간을 예로 들어볼까요. "A업체가 업계의 평이 좋으니 A업체로 선정하는 것이 좋겠습니다"라고 말했다간 "B업체도 평이 좋던데"라는 한 마디에 나자빠지기 십상일 겁니다. "저는 아빠가 더 좋아요. 왜냐하면 아빠는 절 사랑하니까요"라고 답하는 아이보다 조금도 나을 것이 없습니다.

여기서 잠깐, 남을 가르치거나 스스로 학습할 때 기억해두어야 할 것이 있습니다. 어쩌면 이것이 공부 잘하는 방법이라고도 할 수 있겠네요. 예를 들어보겠습니다. 숙면을 취하는 것은 건강에 매우 중요한 요소입니다. 그러면 우리는 숙면을 취하기 위해서 어떻게 하는 것이 좋을까요? 잠자리에 누워서 '나는 반드시 숙면을 취하고 말 테다' 하고 노력하면 숙면을 취할 수 있을까요? 제가 어렸을 때 이렇게 한번 해보았습니다. 숙면은커녕 한동안 불면증에 시달렸지요.

종종 부모님들이 아이들에게, 또는 학생들이 자기 스스로에게 "집중해!" "잘 생각해봐!"라고 다그치는 모습을 자주 봅니다. 이러한 모습은 어른이 되어서도 크게 달라지지 않는데, 회사에서도 직원들에게 "창의적인 아이디어를 내보라고!" 하고 다그치는 경우가 많습니다. 이것은 스스로에게 숙면을 취하라고 다그치는 것처럼 어리석은 일입니다.

숙면을 취하려면 숙면에 도움이 될 수 있는 방법을 실천하는 게 먼저 아닐까요. 가벼운 운동을 하고, 미지근한 물로 샤워를 하며, 긴장을 풀어줄 만한 글을 읽거나 불필요한 소음을 차단하는 방법 등을 시도하는 것이겠지요. 숙면 그 자체를 재촉하는 것은 틀린 방법입니다.

사람의 생각 능력도 숙면 취하기와 마찬가지로 재촉하고 팔을 비튼다고 생겨나는 것이 아닙니다. 생각의 길을 걸어가는 데 도움이 될 만한 질문을 해주고, 도움이 되는 글을 알려주고, 집중할 수 있는 환경을 조성해주어야 합니다. 그래야 생각 능력이 움직이기 시작하고, 변화하기 시작하고, 자라나기 시작하는 것입니다.

'다름'이 쉽게 보이지 않을 때는 어떻게 해야 할까요? 그때는 도구를 사용해야 합니다. 바로 '생각의 도구'이지요.

회사에서 시장상황을 분석할 때 왜 굳이 강점Strength, 약점Weakness, 기회 요소Opportunity, 위협 요소

Threat 등 네 가지로 나누는 'SWOT 분석기법'을 사용할까요? 복잡한 시장 상황과 제품 특성들이 섞여 있는 상태로는 생각을 발전시켜 나가기 어렵습니다. 그래서 위와 같은 네 가지 생각의 구분 틀을 만들어놓고, 예를 들어 '대외적 인지도'는 현재 상황에서 우리 제품의 강점으로 작용하고 있는지 약점으로 작용하고 있는지를 분별해나갈 수 있도록 생각의 도구를 사용하는 것입니다.

아이의 경우도 마찬가지겠지요. 부모나 교사가 아이에게 시간이나 장소와 같은 생각의 단위 상자를 만들어주고, 아이가 서로 달랐던 기억을 그 안에 하나씩 넣어보면서 스스로 깨달을 수 있도록 도와주어야 합니다.

사고의 시각화 부분에서 다시 이야기하겠지만 간단한 표나 그림을 그려 생각을 정리해보는 습관도 잘 보이지 않던 다른 점을 빠르고 정확하게 찾고 전달하는 데 도움이 됩니다. 우리가 온라인에서 서로 비슷한 제품을 비교하며 고민할 때 '제품 비교하기' 기능을 이

정보 다이어트를 아시나요?

(참고로, 다이어트 정보가 아닙니다!) 할머니 댁에 가면 할머니가 끊임없이 먹을 것을 가지고 오십니다. 할머니는 왜 그러실까요? 우리가 음식을 먹는 주된 이유는 건강을 유지하기 위함입니다. 그런데 과거 먹을 것이 항상 부족했던 세월을 살아오신 분들에게는 가장 좋은 건강 유지 방법이 최대한 많이 먹는 것입니다. 이것이 반복되면 '많이 먹는 것 = 건강한 것'이라는 생각이 자리 잡게 되는데, 이런 생각은 훗날 상황이 달라져도 쉽게 바뀌지 않습니다.

정보도 마찬가지입니다. 정보를 습득하는 주된 이유는 올바른 판단을 하기 위함입니다. 그런데 과거 오프라인 시대에는 정보 생산능력과 전달능력의 한계가 명확하여 정보 공급 부족 상태였으므로 가능한 많은 정보를 습득하는 것이 올바른 판단의 확률을 높이는 방법이었습니다. "걸어 다니는 백과사전"이라는 말이 큰 칭찬이었던 시절의 이야기였던 거죠.

하지만 우리 역시 할머니처럼 구시대의 습관을 버리지 못하고 정보 공급 초과 시대를 살면서도 최대한 많은 정보를 습득하려는 잘못을 범합니다. 상황의 변화에 적응하지 못하고 마구 음식을 먹으면 성인병만 남듯이, 검증되지 않은 정보들에 노출되지 않도록 '관리'하지 않으면 정신없는 세상 속에서 내가 뭘 해야 하는지 감도 잡지 못하는 최악의 판단력만 남게 됩니다.

용하면 두 제품의 차이점이 어떤 부분들인지 쉽게 보이는 것과 마찬가지이지요.

이러한 기능들도 기업들이 많은 비용과 노력을 들여 어떻게 하면 소비자들이 더 빠르고 쉬운 구매 결정을 할지 연구를 통해 만들어놓은 기능들입니다. 현대 사회에서 기업만큼 사람의 생각 구조에 대해 깊이 연구하고 성과물을 만들어내는 조직도 드물 겁니다. 물론 소비자들의 구매를 유도해서 이윤을 극대화하기 위한 대규모의 조직적인 노력의 결과물인 거죠.

물건을 사든 안 사든 관계없이, 기업들의 이러한 노력의 결과물들을 나와 내 가족의 능력 향상 도구로 활용하는 것은 매우 현명한 자세입니다.

"어제 하루만 생각해볼까?"

"엄마가 좋아, 아빠가 좋아?"

"잘 모르겠어요."

"그러면 어제 엄마랑 있었던 일과 아빠랑 있었던 일을 하나씩 생각해볼까?"

차를 몰고 늘 다니던 길을 달리다가, 갑자기 처음 보는 낯선 길에 들어서야 하는 상황이 발생하면 당신은 제일 먼저 무엇을 하겠습니까? 대부분의 운전자는 우선 속도를 늦출 것입니다. 왜 그럴까요? 처리해야 하는 정보의 범위를 줄이기 위함입니다.

낯선 길에 들어서면 도로 주변의 상황이 온통 처음

접하는 정보이기 때문에 어떠한 위험요소가 있는지 인지하고 판단하는 정보처리에 시간이 걸릴 수밖에 없습니다. 시속 60킬로미터로 달릴 때에는 1초에 전방 16미터 앞에 있는 시각정보를 처리해야 하지만, 속도를 반으로 낮추면 전방 8미터 앞에 있는 정보만 처리해도 위험요소를 피할 수 있으니까요.

'생각의 길'에서도 마찬가지입니다. "엄마가 좋아, 아빠가 좋아?"는 단순한 질문처럼 보이지만, 실제 아이가 이에 대한 답을 하기 위해 처리해야 하는 정보의 양은 엄청날 겁니다. 휴대폰 내려놓으라고 할 때 안 내려놓았다가 아빠한테 혼난 일이 생각나지만, 아빠와 축구하면서 신났던 일도 떠오를 테고, 잠들 때 엄마가 책을 읽어준 일이 생각나지만, 방 정리를 안 해서 꾸중 들은 기억도 떠오르니까요.

그래서 아이들은 주로 "둘 다 좋아요"라고 답합니다. "잘 모르겠어요"와 비슷한 말인 거죠. 계속 운전해도 되는 길인지조차 알 수 없어 멈춰 선 것과 같습니다. 이럴 때는 처리해야 하는 정보의 범위를 줄여줘야

　　　　　　　　　　　　　우리 아이 논리 공부

합니다. 그렇게 다시 '생각의 길'을 걸어갈 수 있도록 도와주는 게 먼저인 거지요.

가장 쉽게 할 수 있는 방법이 '시간의 범위'를 정하는 것입니다. 뒤죽박죽된 수많은 기억의 조각들을 끌어안은 채로 생각의 길을 걸어 나가기는 어렵지만, '어제 하루'라고 시간의 범위를 줄여놓고 나면 다시 생각의 근육을 움직여볼 수 있습니다.

생각해보면 부모의 회사 생활도 크게 다르지 않습니다. 직장인들로부터 가장 많이 듣는 말 중 하나가, 회의하다 보면 하루가 다 가고, 정작 해야 할 일은 저녁 먹고 시작한다는 말입니다. 회사에서는 왜 이렇게 하루 종일 회의를 해야 할까요?

다 그렇지는 않겠지만 사실 많은 경우, 회의가 문제 해결에 도움이 되지 못하고 있기 때문입니다. 회의를 통해서 문제가 해결되기는커녕 과제만 더 늘어나고, 그 과제를 수행한 뒤 다시 회의를 해야 하고, 그 회의에서 또 다른 과제들이 생겨나다 보니, 이런 회의들이 점차 쌓이면서 결국 하루가 회의들로 가득 차버리는 상황이지요.

어른들의 직장, 혹은 학생들의 팀 과제에서 회의가 계속 반복되거나 하루 종일 회의만 돌아다니느라 시간을 다 쓰고 있다면 조직이나 팀의 커뮤니케이션 능력에 문제가 있는 경우일 가능성이 높습니다.

과거 우리 사회는 반복되고 수직화된 조직이어서 직장의 선배들은 후배들이 지금 하고 있는 일을 이미 경험해본 경우가 대부분이었습니다. 선배가 하던 일을 후배에게 물려주어 후배가 그 일을 하는 것입니다. 그래서 회의 때 후배가 대충 상황을 설명하면 선배가 쉽게 어떤 경우인지 알 수 있습니다. 자신들이 이미 했던 일들이기 때문이지요.

그런데 현대 사회는 전혀 다른 모습입니다. 모든 것이 전문화, 세분화되고 복잡해져서 새롭게 변화되는 반면, 구성원 사이의 협업 필요성은 극도로 높아져서 어느 것 하나 혼자서 처음부터 끝까지 해치울 수 있는 일이 없습니다. 대부분의 부모님이나 학생들이 선호하는 대규모 기업이라면 더욱더 그렇습니다. 그래서 나의 동료가 하는 일을 내가 정확히 알지 못하고, 내가 하는 일을 내 상사가 알지 못하는 상황이지만, 정작 나는 내 상사 및 동료와 협업하여 성과물을 만들어내야 하는 것이 현대 사회의 모습인 것입니다.

학생들 역시 팀 과제를 하다보면, 이러느니 나 혼자 하는 게 낫겠다는 생각이 드는 경우가 태반일 겁니다. 정도의 차이가 있을 뿐 마치 서로 다른 나라 사람들이 모여서 공동의 성과를 만들어내야 하는 것만 같은 현대 기업 조직의 특성과 비슷한 이유입니다.

이러한 조직 환경에서 개인이 좋은 성과를 내려면 먼저 자신이 처한 복잡한 상황과 자료를 다른 사람에게 효율적으로 전달할 수 있도록 정리해내는 능력이 필요합니다. 열 장의 글을 한 장 분량으로 요약하고, 한 장 분량으로 요약된 글을 다시 한 단락으로 요약하는 연습과 같은 것이지요.

내가 전달해야 하는 정보와 자료 요약이 완성되면, 내가 다른 회의 참가자들과 확인해야 할 사항이 무엇이고 그들에게 요청해야 할 사항이 무엇인지 요약할 수 있어야 합니다. 결국 내가 무엇을 '전달'하고, 무엇을 '확인'하고, 무엇을 '요청'할 것인가가 정리되어야, 조직 구성원으로서 효과적인 커뮤니케이션과 협업을 할 수 있고 성과를 도출해낼 수 있습니다.

이러한 논리적 커뮤니케이션 능력을 교육받지 못하고 갖추지 못한 사람들이 모여서 회의를 하게 되면, 시간은 한없이 지나는데 상황은 나아지지 않고 서로 다 같이 헤매기만 할 테지요. 그렇게 며칠이 지나면 딱히 다른 방법이 없으니 또 회의실에 모여서 같은 일을 반복하는 어리석음을 반복합니다.

최근 10년 내에 대규모 조직에서 생활해본 사람이라면 현대 기업 내에서 조직 구성원들 간의 이러한 커뮤니케이션 능력의 미달로 인하여 얼마나 일이 늦어지고 불필요한 비용이 발생하며 좋은 기회를 놓치게 되는지 경험해보았을 것입니다. 그뿐인가요. 구성원들 간에 오해와 갈등이 촉발되고 이 과정에서 우수한 인재를 잃는 상황도 수없이 목격했으리라 봅니다.

그런데 이런 문제를 개선하겠다는 이유로 직급을

우리 아이 논리 공부

없애고, 이름 뒤에 "님"을 붙이고, 영어 이름을 만들어 부르고, 회의 때 앉지 못하고 서서 진행하도록 하는 일련의 변화들은, 글쎄요, 조직 내 커뮤니케이션에서 문제의 원인이 무엇인지 전혀 감을 잡지 못한 접근법들이 아닐런지요.

모인 사람들이 각자 자기 생각들을 늘어놓다 보니 처리해야 할 정보의 양은 계속 늘어만 가고, 그러다 보니 정보처리 속도는 더 느려지고, 여기에 또 다른 생각을 늘어놓으니 아무 해결책을 찾지 못하고 제자리를 맴돕니다. 생각의 길에서 멈춰버린 것입니다.

이럴 때 누군가 "그러면 현재까지 나온 의견들 중에 당장 이번 달에 해야 할 일부터 뽑아보면 어떨까요?"라며 정리해준다고 생각해보세요. 생각해야 할 범위가 좁혀지고, 처리해야 할 정보의 양이 줄어들면서, 다시 '생각'이라는 자동차가 굴러가기 시작할 겁니다.

아이들도 마찬가지입니다. 아이가 생각하는 것을 어려워하면 아이가 생각해야 할 정보의 양을 줄여줌으로써 아이의 짐을 덜어주도록 해주세요.

핵심 키워드

....

차별화 기준점 세우기 생각 상자 배치하기

기억 정보의 분류 정보 범위의 축소

....

한 걸음 더

용어 설명

논리학 : 바른 판단과 인식을 얻기 위한 올바른 사유의 형식과 법칙 따위를 연구하는 학문으로서, 타당한 논증, 곧 추론과 증명의 법칙을 연구하는 학문을 가리킨다.

추론 : 이미 알고 있는, 또는 확인된 정보로부터 논리적 결론을 도출하는 행위 또는 과정을 말한다. 달리 말하면 어떠한 판단을 근거로 삼아 다른 판단을 이끌어내는 것이다.

분류 : '종류에 따라 가르는 것'을 말하며, 주어진 정보를 '인지하고, 차별화하고, 이해하는 과정'이라고 설명할 수 있다.

나만의 논리 스피치

가장 먼저 해결해야 할 난제는?

세계가 가장 우선적으로 힘써야 할 문제로 (1) 실업 (2) 난민 (3) 기후변화 (4) 성평등 중 한 가지를 뽑아봅시다. 그 이유를 설명하면서, 특히 자신이 뽑은 문제가 다른 나머지 세 개의 문제와 비교했을 때 어떤 다른 특징이 있는지 한 가지씩 말해봅시다.

실제로 위의 문제를 두고 인터뷰한 짧은 영상을 소개합니다. 아래 QR코드의 영상을 보면서, 이들 중 누구의 의견이 가장 마음에 와닿는지 이야기해보는 것도 좋을

유튜브 채널 'euronews'의 인터뷰 동영상 ▶

듯합니다. 가장 마지막에 나오는 어린 여학생의 이야기를 특히 유념해서 들어보세요.

....

....

....

....

....

....

....

....

....

....

....

....

우리 아이 논리 공부

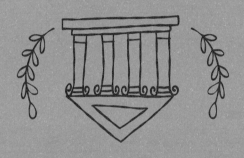

흔히 "나는 사실을 말하는 거야"라거나
"나는 오직 사실만 말해"라고 하는 사람들 중
대부분은 사실을 말하고 있는 것이 아니라
주장을 하고 있는 경우가 많습니다.

증거 혹은 근거는?

"너는 엄마가 좋아, 아빠가 좋아?"

"저는 엄마를 더 좋아하는 것 같아요."

"그렇구나. 왜 그렇게 생각하게 되었을까?"

"가족을 그린 그림에서 항상 엄마가 제일 큰 걸 보면 알 수 있어요."

민사소송에서 법원에 소송을 제기한 쪽을 원고라고 합니다. 그 상대방은 피고라 하고요. 어느 날 원고가 판사 앞에서 하소연을 시작합니다. 자기가 피고와 평생을 친구로 지내면서 피고가 어려울 때마다 매번 도와주고, 사고 친 거 다 수습해주며 지냈다네요. 그러다 이제야 마음잡고 가게를 차린다던 친구는 원고에게 천만 원만 빌려주면 한 달 안에 이자 5퍼센트까지 얹어서 갚겠다고 약속했다는 겁니다. 하도 철석같이 약속을 해서 자기도 빠듯한 살림에 대출까지 받아서 빌려줬더니 친구는 1년이 지나도록 감감무소식이라는 거지요. 그 사이 자기는 대출 이자가 늘어서 신용불량자가 될 판이라며 한껏 울분을 토합니다.

이 이야기를 다 들은 판사는 뭐라고 말할까요? 대부분의 경우 판사는 "원고의 주장은 잘 알겠습니다. 어떻게 입증을 하시겠습니까?"라고 묻기 마련입니다. 이후 대화는 대체로 이렇게 이어지지요.

"입증이라니요?"

"주장이 사실임을 증명하기 위하여 어떠한 증거를 제출할 계획인가요?"

"아니, 그럼 제가 지금 판사님 앞에서 거짓말을 하고 있다는 말씀입니까? 제가 의심스럽다는 거예요? 제가 증겁니다."

이제 우리는 주장, 사실, 증거, 이 세 가지를 구분하면서 논리 공부 속으로 한 걸음 더 들어갈 것입니다.

먼저 판사는 어떤 증거를 제출할 것인지 왜 물었을까요? 원고의 주장과 다른 주장을 하는 쪽이 있기 때문입니다. 그것이 바로 피고 측인 거죠.

원고의 주장과 피고의 주장 간에 아무런 차이가 없으면 처음부터 소송이라는 것이 생기지 않습니다. 소송은 서로 다른 두 개 이상의 주장이 있다는 것을 전제로 하니까요. 서로 다른 두 주장 중에 어느 쪽이 맞는지 판단하는 것이 판사의 역할입니다.

판사는 원고가 돈을 빌려줄 때 그 자리에 있었던 사람도 아니고, 두 사람의 됨됨이를 아는 사람도 아닌데, 어느 쪽 주장이 맞는지를 어떻게 판단할 수 있을까요? 바로 양쪽이 제출하는 증거들을 보고 판단합니다. 쉽게 표현하면 '주장'이 '증거'로 뒷받침될 때 비로소 '사실'(진실이라고 생각해도 무방함)이 되는 것입니다.

흔히 "나는 사실을 말하는 거야"라거나 "나는 오직 사실만 말해"라고 하는 사람들 중 대부분은 사실을 말하고 있는 것이 아니라 주장을 하고 있는 경우가 많습니다. 내 말은 '주장'이고, 그 주장이 사실로 인정되는지는 내가 제시하는 근거를 보고 제3자가 판단하는 것이라고 이해해둡시다.

'내 주장(생각)과 다른 주장(생각)이 있을 수 있고, 둘 중 내 주장이 맞다고(사실 또는 진실) 말할 때에는 그에 합당한 증거(근거)를 제시해야 한다.'

이러한 생각의 틀이 만들어졌다면 이미 당신은 논리 공부의 중급 과정까지 도달한 것입니다.

언어논리의 3요소

"너는 엄마가 좋아, 아빠가 좋아?"

"저는 아빠를 더 좋아하는 것 같아요."

"왜 그런지 이유를 물어봐도 될까?"

"왜냐하면 저는 아빠를 더 보고 싶어 하니까요."

"그렇구나. 곰돌이는 아빠를 더 보고 싶어 하는 자기 마음을 어떻게 알았을까?"

"제가 그림 그릴 때 아빠를 제일 크게 그린 걸 보면 알 수 있어요."

이제 논리 공부의 기본설계를 어느 정도 마친 듯하네요. 지금까지 어떤 이야기를 했는지 다들 기억하시지요? 주장(생각)을 말하고, 그 이유를 말하고, 그에 대한 근거(증거)를 제시하면 논리의 기본 틀은 완성된 것입니다. 언어논리의 최전방에 있는 저 같은 변호사가 하는 일도 모두 이러한 틀 안에 맞춰 있습니다.

주장: 피고가 원고에게 천만 원과 지연 이자를 지급하라는 판결을 구합니다.

이유: 왜냐하면 피고는 원고에게 천만 원을 빌려간 후 갚기로 한 날까지 아직 갚지 않고 있기 때문입니다.

증거: 이에 대한 증거로는 피고가 원고에게 써준 차용증이 있습니다.

어른들의 직장 생활도 크게 다르지 않을 것입니다.

주장: 이번 협력업체 선정에서는 A업체가 가장 적합합니다.

이유: 왜냐하면 지난 회의에서 이번 거래는 업체의 깨끗한 이미지가 가장 중요하다고 의견을 모았는데, 그러

우리 아이 논리 공부

한 점에서 A업체가 가장 뛰어나기 때문입니다.

증거: A업체가 유일하게 지난 3년간 법 위반 사례가 없고, 준법 감시활동을 꾸준히 공개해오고 있는 것을 보면 알 수 있습니다.

이렇게 들으면 간단해 보이지만 현실은 그렇지 않습니다. 우선 주장, 이유, 증거, 이 세 가지를 서로 구별할 수만 있어도 당신은 논리의 기본 터를 잡은 셈입니다. 많은 사람들이 자신이 하는 말 중에서 어느 것이 주장이고, 어느 것이 이유이며, 어느 것이 증거인지를 제대로 구별하지 못합니다. 위의 예시처럼 "증거라니요? 제가 증겁니다"라고 말하는 경우가 그런 경우인 거죠.

위 세 가지를 구별할 줄 아는 사람 중에도, 자신의 '주장'을 내세우려면 마땅히 자신이 그에 대한 '이유'와 '증거'를 제시해야 한다는 생각의 틀을 갖지 못한 경우가 대부분입니다. 무언가를 주장하고 나면 곧바로 그에 대한 이유와 증거를 제시해야겠다는 생각이 당연하고도 습관적으로 따라와야 합니다. 그러나 많은 경우, 오히려 증거가 있는지 묻는 사람에게 "증거라니요? 그럼 제가 지금 거짓말을 하고 있다는 말입니까?"라고 화를 내기 일쑤지요.

내가 원하는 것을 마구잡이로 늘어놓기 전에, 내 머릿속에서 나의 주장이 무엇이고, 그러한 주장을 하는 이유가 무엇이며, 그러한 이유를 뒷받침하기 위하여 어떠한 증거(근거)를 제시할 것인지를 정리하면서 말하는 습관을 들여보세요. 이 과정을 반복하다 보면 이러한 생각의 틀이 나의 생각과 말하기 습관으로 점점 굳어지면서 익숙해질 것입니다.

논리의 틀에 맞추어 생각하다 보면, 점점 생각 자체가 논리적으로 형성되고, 틀에 맞지 않는 방향으로 생각이 흐를 때 불편함을 느끼게 될 테지요. 게다가 상대방이 하는 말 중에 어느 부분이 논리적 틀에 맞지 않는지가 보이기 시작할 거예요. 이 부분은 뒤에 나오는 논리 습관 부분에서 좀 더 자세히 살펴보려 합니다.

어쨌든 "~하는 것을 보면"(이에 대한 근거로는 또는 증거로는)이라는 말은 "왜냐하면"에 이어 논리천재를 만드는 두 번째 마법단어입니다. 어릴 때부터 이렇게 생각을 정리하고 말하는 습관을 가질 수 있도록 가까이에서 단계별로 물어주고, 들어주고, 방향을 잡아줄 때 비로소 논리적으로 조리 있게 말할 줄 아는 사람으로 성장할 수 있습니다. 결국 지식사회의 리더는 그런 식으로 완성되어 가는 겁니다.

논리구조의 구성요소에 대하여 좀 더 자세히 공부하고 싶은 독자는 필자가 쓴 《변호사처럼 일하는 직장인이 성공한다》라는 책 중에서 170쪽 이하를 읽어보면 도움이 될 것입니다.

증거도 다시 의심하라

"곰돌이가 아빠를 더 보고 싶어 한다는 걸 어떻게 알았을까?"

"제가 그림 그릴 때 아빠를 제일 크게 그린 것을 보면 알 수 있어요."

"아하! 그런데 원래 아빠가 엄마보다 키가 더 크지 않니? 다른 이유는 더 없을까?"

"저는 잘 때도 항상 아빠 옆에서 자요."

바로 위 단락에서 이야기했듯, 말할 때 주장과 이유와 증거를 서로 구별하고, 자신의 주장과 그 이유와 그에 대한 증거를 제시하는 사람들 중에서도, 왜 어떠한 사람은 많은 사람들로부터 오랫동안 지지를 받는데 반해, 어떤 사람들은 외면을 받을까요? 이 부분에서 가장 중요한 역할을 하는 요소는 말하는 사람이 제시하는 증거의 질과 양입니다.

질 좋은 증거를 충분하게 제시하는 사람은 많은 이들을 수긍하게 만드는 반면, 변변찮은 증거를 빈약하게 제시하는 사람은 상대의 관심을 끌기 어렵습니다. 그래서 아이가 주장과 이유를 잘 제기했다면 그 이후에는 좋은 증거들을 다양하게 제시할 수 있도록 옆에서 도와주어야 합니다.

어떠한 증거가 좋은 증거일까요? 답은 간단합니다. 튼튼한 증거가 좋은 증거입니다. 반대 주장을 하는 사람이 내 증거에 '시비를 걸더라도('증거가치 또는 증명력을 탄핵한다'고 표현합니다)' 쉽게 밀리지 않는 증거가 바로 튼튼한 증거지요.

증거에 대해 시비를 거는 방법 중 가장 핵심적인 두 가지가 있는데요, 그중 첫 번째는 '그 증거가 믿을 만하지 못하다'는 것입니다. 다른 사람의 말(진술 또는 증언)을 근거로 하는 경우에 자주 사용되는 방법입니다.

"제 친구 장군이도, 제가 아빠를 더 좋아하는 것 같다고 그랬어요."

"그래? 장군이가 선생님한테 말할 땐, 곰돌이 네가 엄마를 더 좋아하는 것 같다고 하던데."

두 번째는 그 증거가 옳다고 해서 그 주장 또한 반드시 옳다고 말할 수 없는 경우입니다. 아래의 대화에서 알 수 있습니다.

"제가 하루 중에 아빠랑 더 오래 같이 있는 것을 보면 알 수 있어요."

"혹시 그건, 아빠는 집에 계속 계시고, 엄마는 출근해서 늦게 오시기 때문은 아닐까?"

위에서는 증거에 대하여 시비를 건다는 자극적인 단어를 사용했지만, 질문과 답변을 주고받으면서 증거가 얼마나 튼튼한지, 혹시 깨지기 쉬운 부분은 없는지 짚어보는 과정은 논리적 말하기에서 아주 중요한 과정입니다. 여기서 로펌의 영업 비밀 하나를 공개할게요.

아주 중요한 소송을 하게 되었을 때, 로펌에서는 변호사들을 두 팀으로 나눕니다. 한 팀은 우리 의뢰인의 변호사 역할을 맡고, 다른 팀은 상대방의 변호사 역할을 맡습니다. 두 팀이 서로 각자에게 유리한 증거들을 모은 뒤 회의실 양편에 마주 앉아서, 서로 상대팀이 내미는 증거를 공격하고 서로 그에 대한 방어를 펼치는 것입니다.

이런 과정을 충분히 거친 뒤에 실제로 법정에 출석하면 우리 쪽 증거의 어떤 점을 부각시켜야 하고 상대방은 어떠한 공격을 해올 것이며, 이에 대해서 우리는 어떻게 반격을 해야 할 것인지 미리 예상하고 충분한 준비가 가능해집니다. 자기 쪽에 유리한 증거만 잔뜩 쳐다보고 있다가는 상대방 로펌과 제대로 된 경쟁을 할 수 없게 됩니다.

덤벨의 무게가 너무 가벼우면 내 근육을 키울 수 없

고, 발바닥의 마찰이 없으면 한 걸음도 나갈 수 없듯이, 이렇게 내 증거를 두드려주는 사람이 없으면 내가 타고난 논리천재가 아닌 이상 내가 가진 증거를 튼튼하게 만들기 어렵습니다. 그런데 우리는 이러한 논리적 시비를 감정적 시비로 잘못 받아들이는 경우를 자주 보게 됩니다.

"두 제품 중 어느 제품이 더 나은지 우리 마케팅 팀원들이 투표한 결과, A 제품이 더 적합한 것을 확인하였습니다.”

"마케팅팀 열 명의 생각과 실제 제품 소비자인 10대들의 생각은 다를 수도 있지 않을까요?"

"아니, 그 말은 지금 우리 마케팅 팀원들의 감이 떨어진다는 뜻입니까?"

자. 이렇게 논리적 사고 능력이 떨어지면 화가 많아지는 겁니다.

🔍 핵심 키워드

주장　　이유　　증거　　증거의 질　　증거의 검증

증거의 방어력

한 걸음 더

상관관계와 인과관계

원인과 결과의 관계를 인과관계라고 합니다. 반면에 상관관계는 '두 가지 가운데 한쪽이 변화하면 다른 한쪽도 따라서 변화하는 관계'를 말합니다. 한 지역의 인터넷 가입자 수가 2명 늘어날 때마다 그 지역의 교통사고가 1건씩 늘어난다면, 인터넷 가입자 수와 교통사고 건수는 상관관계를 갖는 것입니다. 그러나 이러한 상관관계가 '인터넷 가입이 교통사고의 원인임을 의미하는 것'은 또 아닙니다. 상관관계는 우연히 발생할 수도 있으니까요.

위 사례의 경우, 그 지역 인구밀도의 증가라는 제3의 원인에 의한 것일 수도 있습니다. 인과관계에 있는 두 가지는 서로 상관관계를 갖지만(인구밀도가 증가하면 인터넷 가입자 수가 증가한다는), 상관관계를 갖는다고 인과관계가 인정되는 것은 아닙니다.

우리 아이 논리 공부

증거를 뒤짚는 순간

〈금발이 너무해〉라는 꽤 오래된 영화가 있습니다. 이 영화의 마지막 장면에서, 증인이 거짓말을 하고 있다는 사실을 주인공이 어떤 방법으로 밝혀내는지 살펴봅시다.

> 영화 〈금발이 너무해〉 중 일부 영상
> (유튜브 채널 'Movieclips') ▶

사실 〈금발이 너무해〉는 영화적 재미를 위하여 만들어진 결말이 펼쳐지지만, 현실에서 이런 상황을 기대하기는 쉽지 않겠지요.

누가 봐도 명백해 보이는 상대방의 증거를 뒤집는 천

재적인 변호사의 모습을 보고 싶다면 〈금발이 너무해〉보다 10년을 더 거슬러 올라가서 제작된 영화 〈뮤직박스〉를 추천합니다. 법조인을 꿈꾸는 후배들이 영화 추천을 요청하곤 할 때 저는 언제나 이 영화를 뽑아왔거든요.

5장

틀리면서 찾아가는 진리

주변에 나오는 다른 생각이 얼마든지 있을 수 있기에
그런 다른 주장을 하는 사람에 대하여 예의를 잃지 않으며,
언제라도 내 생각이 틀렸다는 판단이 설 때에는
스스로 바꿀 줄 아는 자세도 가져야 합니다.

논리는 동사다

"저는 아빠를 더 좋아하는 것 같아요."

"왜 그렇게 생각하게 되었을까?"

"어제 아빠랑 놀이공원 가서 재미있게 놀았거든요."

"그렇구나. 잘 때는 누구 옆에서 자니?"

"저는 항상 엄마 옆에서 자요."

"그럼 혹시 평소에는 엄마를 더 좋아하는 것은 아니니?"

"어제 아빠랑 너무 재미있게 놀아서 그랬던 것 같고, 다시 생각해보니 평소에는 엄마를 더 좋아하는 것 같아요."

논리의 목적은 무엇일까요? 크게 보면 진리(진실 또는 참)에 최대한 가까이 다가가기 위해서일 것입니다. 그렇다면 우리는 논리를 통해서 '궁극의 진리'에 도달할 수 있을까요? 저는 그럴 수 없다고 생각합니다.

논리는 이것과 저것을 합했더니 물이 만들어지는 것을 관찰할 수 있는 자연과학이 아닙니다. 논리는 인간의 생각, 사고, 머리 쓰기 같은 이성 활동을 통해서 우리가 생각할 수 있는 가장 합리적인 결론에까지 이르는 방법입니다. 인간의 이성 활동을 여러 단계로 쌓아 올려서 최선의 위치까지 가도록 돕는 수단인 거지요. 아무리 열심히 공부하고, 여러 사람들이 여러 각도로 여러 차례 검증을 하더라도, 이렇게 쌓아 올린 인간의 이성 활동에 그 어떠한 흠도 존재하지 않는다고 단언하는 것은 인간의 능력에 대해 과도한 믿음을 가지고 있거나 경솔한 것입니다.

그러면 어차피 불변의 진리에 도달하지 못할 것인데 대체 논리는 왜 필요하냐고요? 논리는 우리를 '침팬지 역'에서 '불변의 진리 역'으로 데려다주는 기차

우리 아이 논리 공부

가 아닙니다. 논리는 인간의 사고 능력에 한계와 결함이 있음을 잊지 않으면서, 그러나 이를 총동원하여 진리를 향해서 그와 가장 가까운 곳까지 이르고자 하는 인간의 끊임없는 노력과 활동을 일컫는 것입니다. 명사가 아니라 동사인 거죠.

이 부분은 앞으로 논리 공부를 효과적으로 해나가기 위해서 가장 중요한 관점의 차이인 반면, 이에 대한 오해도 많은 내용이어서 좀 더 명확하게 이해할 필요가 있습니다.

우리가 아플 때 먹는 약을 생각해봅시다. 좀 더 정확한 표현으로 의약품이라고 부를게요. 의약품의 역할은 질병 치료와 삶의 질 개선을 위하여 인간의 신체 활동에 인위적인 조작을 가하는 것입니다. 사람의 혈관을 확장시키고, 호르몬이 덜 분비되도록 자극하는 역할 등을 하지요. 우리나라에서 허가된 의약품 수는 대략 12만 개 정도인데요, 이 중에 부작용이 전혀 없는 의약품은 몇 개나 될까요?

없습니다. 부작용이 전혀 없는 의약품은 단 한 개도

없습니다. 인류는 의약품의 이러한 불완전성을 잊지 않으면서도, 한편 그 효과를 극대화하고 부작용을 최소화하기 위하여 새로운 물질을 찾고 부작용 징후를 끊임없이 관찰하면서 지금껏 대응해왔습니다. 이러한 인류의 노력이 오늘의 획기적인 생명 연장과 삶의 질 개선이라는 성과를 얻어낸 것이지요.

자, 논리 공부도 마찬가지입니다. 인간의 사고능력은 한계와 모자람이 많지만, 이를 활용하여 진리에 최대한 가까워지기 위하여, 기원 전 소크라테스부터 오늘날까지 끊임없이 논리법칙을 찾고 오류(착각 또는 잘못된 믿음)를 줄여나갈 수 있는 방법들을 연구해온 것입니다.

그렇다면 지금의 우리는 무얼 해야 할까요? 이러한 인류의 귀한 자산을 익히고, 이를 활용하여 우리에게 허락된 최선의 현명한 결론을 내리면서, 동시에 그 역시 오류일 수 있음을 잊지 않고 반복하며 살펴보기를 게을리하지 않는 것입니다.

논리는 불변의 진리를 찾는 것이 아닙니다. 당신이

과학과 유사과학(類似科學, pseudoscience)의 차이는 과학적 증명이 이루어졌는지의 여부로 가를 수 있습니다. 과학적 증명을 쉽게 설명해 볼까요. 어떠한 방법으로 어떠한 과정을 거치면 어떠한 결과물을 얻게 된다는 주장이 있고, 제3자가 이를 그대로 해보았을 때 반복적으로 같은 결과물을 얻게 된다면, 그 주장에 대한 과학적 증명이 이루어졌다고 볼 수 있습니다.

이는 자연과학뿐만 아니라 심리학과 같은 사회과학의 경우도 마찬가지입니다. 지그문트 프로이트는 정신분석학의 창시자이지만, 정작 그의 성, 자아ego와 초자아super-ego, 발달 단계와 고착, 꿈에 관한 이론들은 과학이라고 보기 어렵습니다. 적어도 현재로서는 옳다고도, 그리고 틀렸다고도 증명할 수 없기 때문입니다.

불변의 진리를 찾았다면 그것은 더 이상 논리가 아닙니다. 불변의 진리는 신앙의 단계이자 믿음의 단계이지, 논리적 사고와 검증의 대상이 아닙니다. 논리는 최선의 진리에 최대한 가까이 가고자 하는 노력입니다.

확신이라는 적

"엄마가 좋아, 아빠가 좋아?"

"엄마가 더 좋아요."

"그렇지! 엄마가 최고지?"

"……아니에요. 제가 늘 아빠 옆에서 자려고 하는 걸 보니, 저는 아빠를 더 좋아하는 것 같아요."

"넌, 왜 이랬다 저랬다 하니!"

대학 시절부터 지금까지 30년 가까이 논리 공부를 해온 사람으로서 마음속에 늘 간직하고 있는 단 하나의 글을 뽑으라면, 나는 주저 없이 고 신영복 선생이 자신의 책 《담론》에서 소개한 '떨리는 지남철'이라는 글을 꼽습니다.

북극을 가리키는 지남철은 무엇이 두려운지
항상 그 바늘 끝을 떨고 있습니다.
여윈 바늘 끝이 떨고 있는 한 그 지남철은
자기에게 지니워진 사명을 완수하려는 의사를
잊지 않고 있음이 분명하며
바늘이 가리키는 방향을 믿어도 좋습니다.
만일 그 바늘 끝이 불안스러워 보이는 전율을 멈추고
어느 한쪽에 고정될 때
우리는 그것을 버려야 합니다.
이미 지남철이 아니기 때문입니다.

논리 공부의 가장 큰 적은 '확신'입니다. 그런데 우리 사회는 확신에 가득 찬 사람을 선호하는 경향이 있는 듯하지요. 때로는 "너는 어느 쪽이냐"며 확신을 강요하는 경우도 많습니다. 이러한 사회적 분위기는 사람들로 하여금 서둘러 확신을 갖게 하고, 한 번 가진 확신을 바꾸는 일을 부정적으로 보게 만듭니다. 그러다 보니 나중에 자신이 가진 확신이 틀렸다는 사실을 알게 된 후에도 이를 인정하지 않으려는 모습도 보이게 됩니다.

떨리는 지남철은 북쪽도 제대로 못 가리키는 무능하고 부실한 것으로 여기고, 오히려 떨리기를 멈춰버린 지남철이 믿고 따라갈 만한 것이라고 생각합니다. 그러다 보니 처음에는 자신만만해 보이지만 시간이 지날수록 갈 길을 잃고 헤매게 될 테지요.

스스로를 위해 또는 아이와 함께 논리 공부를 하는 사람에게 가장 중요한 기본자세를 한 가지 꼽으라면 저는 항상 '진리에 대한 겸손함'이라고 답합니다. 스스로 옳은 생각(판단 또는 주장)을 하기 위해서 각고의 노력을 다하고, 내 능력 범위 내에서 현재로서는 최선의 판단을 내리지만, 내 생각은 언제든지 틀릴 수 있고, 지금은 맞더라도 상황이 달라지면서 틀려질 수도 있다는 점을 명심해야 합니다. 주변에 나오는 다른 생각이 얼마든지 있을 수 있기에 그런 다른 주장을 하는 사람에 대하여 예의를 잃지 않으며, 언제라도 내 생각이 틀렸다는 판단이 설 때에는 스스로 바꿀 줄 아는 자세도 가져야 하겠지요.

여기서 겸손이라는 것은 윤리적 의미가 전혀 아닙니다. 타고난 천성을 말하는 것은 더욱더 아니고요. 넓은 의미에서는 지적인 성숙을, 좁은 의미에서는 논리적 생각과 말하기 능력의 향상을 방해하는 조급하고 과도한 확신에 빠지지 않도록 하기 위한, 의도적인 노력으로서의 겸손을 말합니다.

모든 논리법칙이 근본적으로는 '진리에 대한 겸손

함'으로부터 나옵니다. 나는 얼마든지 틀릴 수 있기 때문에 이유를 설명하고 근거를 제시해야겠다는 생각이 나올 테고, 내가 제시하는 근거의 질과 양이 충분한지 따져보게 되며, 내 주장에 대하여 어떠한 반대의견이 있을 수 있을지를 스스로 생각해보는 겁니다. 그래야 그에 대한 나의 생각은 어떠한지를 설명할 수가 있습니다.

조급하게 확신에 차서 밀어붙이는 것을 선호하는 부모의 성향은 아이의 논리 공부와 성장에 큰 방해가 됩니다. 이 점에 대한 이해가 없으면 아무리 논리 기술과 기교를 공부하거나 공부를 시켜도 원하는 성과를 얻을 수 없는 것입니다.

이 책의 처음에서 논리 공부의 목적을 이야기하며, 아이가 장래에 성장하여 조직의 리더가 되는 것에 비전을 두어야 한다고 설명했습니다. 그리고 현대 지식산업사회에서 리더는 많은 사람들이 지속적으로 그 사람의 생각을 지지하는 사람이라고도 하였습니다. 조급하게 확신을 갖고 밀어붙이는 사람은 일부의 무리

들로부터 잠깐 동안 강력한 지지를 받을 수는 있겠지만, 많은 사람들의 지속적인 지지는 받지 못할 겁니다.

이 부분에 대하여 좀 더 깊이 있는 고민을 해보고자 하는 독자가 있다면, 김영란 전 대법관의 책인 《판결을 다시 생각한다》를 권해드립니다. 의아하실 수도 있겠지만 저에게 이 책의 제목은 처음 듣는 순간 충격을 주었습니다.

사회에서 서로 반대의 생각이 맞부딪혀 더 이상 물러날 곳이 없을 때, 그러한 사건들이 죄다 모이는 곳이 법원입니다. 일단 법원에 들어오고 나면 어떻게든 어느 쪽이 맞는지 결론을 내야 합니다. 법원도 '잘 모르겠습니다' 할 수는 없으니까요.

법원이 몇 차례 진행된 판결 끝에 최종 결론을 내리고 나면 더 이상은 그 결론을 다툴 수 없도록 해야 합니다. 아무리 어려운 문제였더라도 그렇게라도 최종 결론을 내리지 않으면 영원히 그 다툼에 묶여 사회가 정상적으로 돌아가지 않기 때문입니다. 이러한 최종 판결을 내리는 곳이 바로 대법원입니다. 수년 동안 수 많은 법률전문가들이 수만 쪽의 서류들을 보면서 격렬한 논쟁과 고민을 거듭한 뒤에 비로소 대법원에서의 판결이 이루어지는 것입니다.

법률 실무가들에게 대법원의 판결은 이토록 '다시 생각할' 대상이 아닌 겁니다. 그런데 바로 그 대법원의 대법관이 책 제목에서 자신의 판결을 '다시 생각한다'는 것입니다. 김 전 대법관의 지남철은 여전히 떨리고 있었습니다.

정보 제공자로서의 부모

"엄마가 좋아, 아빠가 좋아?"

"잘 모르겠어요."

"아빠랑 같이 하는 것 중에 제일 좋은 일은 뭘까?"

"축구요. 어제도 아빠랑 한 시간이나 축구했어요."

성급하게 확신에 가득 차는 것을 경계해야 한다면, 그렇다면 언제 어느 정도의 확신을 가져야 할까요? 혹시 이런 공식은 어떨까요.

확신의 정도 = '정보의 양' × '정보의 질' × '주제에 대한 내 판단능력'

아무리 내게 익숙한 문제라 하더라도 현재 그 사건에 대한 어떠한 정보도 주어지지 않았다면 아무런 확신도 갖지 않는 것이 맞습니다. 그런 상태에서 내 판단 능력이 뛰어나다고 믿으며 어느 한쪽으로 확신을 가지는 것이야말로 성급한 확신인 것입니다.

또한 아무리 양질의 정보가 충분히 주어져 있더라도 이것이 내가 처음 접해보는 문제라면 아주 조심스러운 확신만 가져야 합니다. 내가 정확한 판단을 할수 있는 문제인지, 이 분야에 대하여 전문적 경험이 있는 사람의 도움을 받아서 판단해야 할 문제인지를 따져봐야겠지요. "나는 이에 관한 책을 세 권이나 읽었어" 하는 자신감에 취해 과도한 확신에 취하는 것도 경계해야 합니다.

아이가 판단을 내리기 어려워하면 그때엔 빨리 얘기해보라고 재촉할 것이 아니라, 아이의 판단에 필요한 정보를 같이 모아주는 도움이 필요합니다. 아빠랑 함께 하는 가장 좋은 놀이는 무엇인지, 엄마랑 함께 하는 가장 좋은 놀이는 무엇인지, 둘 중에 누구와 어떤 놀이를 할 때가 더 좋은지 등, 이렇게 아이가 생각할 수 있는 정보들을 모아주는 것이지요. 다시 말해 아이가 질문에 답을 할 수 있을 정도의 정보만 주면서 확신이 서도록 도와주면 됩니다.

판단에 필요한 양질의 정보를 충분히 제공한다는 것은 '논리적 말하기'에서 주장에 대한 근거를 제시하는 일과 맞닿아 있습니다.

초등학교 학생회장 선거의 연설 현장으로 가봅시다. 기호1번 학생은 자신을 뽑아주면 오고 싶은 학교, 자꾸만 생각나는 학교를 만들겠다고 합니다. 이를 위해 학생들의 의견을 모아 학교 정책에 적극 반영될 수 있도록 건의하겠다는 공약을 내세우며, 자신을 뽑아달라고 소리를 지르며 하늘을 향해 두 팔을 벌립니다.

기호2번 학생도 학생들의 의견이 학교에 반영될 수 있도록 하겠다는 공약을 걸었습니다. 그리고 이것이 쉬운 일이 아닌 것을 알지만, 자신은 지난 해에 자신의 반 뒤쪽에 자유롭게 건의사항을 붙일 수 있는 그림

공간을 만들었는데, 이를 통해 반 친구들과 선생님 간에 서로를 더 잘 이해할 수 있는 기회가 되었다고 덧붙입니다. 그리고 이렇게 작은 부분에서부터 시작해서 학생들의 의견이 학교에 더 잘 전달되고 반영될 수 있도록 하겠다고 말합니다.

투표를 할 친구들에게 필요한 판단은 누구를 학생회장으로 뽑아야 앞으로 나의 학교생활이 좀 더 좋아질 것인지입니다. 이런 판단을 돕기 위하여 기호1번과 2번 후보 중 누가 더 양질의 정보를 더 많이 제공하였는지 생각해봅시다.

🔍 핵심 키워드

검증   오류 최소화   잠정적 결론   반대 의견 반기기

확신의 정도   정보의 질과 양   주제에 대한 나의 판단 능력

한 걸음 더

논리 공부와 오류 찾기는 동전의 앞뒷면과 같습니다. 앞에서 본 상관관계와 인과관계가 어떻게 다른지 구별하기를 통해 우리가 흔히 접하는 아래 주장의 오류를 찾아봅시다. 아래 주장의 결론이 맞고 틀리고는 경제의 문제이므로 지금 우리에게 있어서 논의 대상은 아닙니다. 우리는 다만 논리적 오류만을 오로지 이야기할 것입니다.

> 일본은 고령화 사회에 접어들었다. 그리고 일본의 부동산 가격은 하락했다. 우리나라도 고령화 사회에 접어들고 있다. 그러므로 우리나라 부동산 가격도 하락할 것이다.

이 주장은 장래 '우리나라 부동산 가격'을 전망하는 주장인데 일단 주어부터 틀렸습니다. 이러한 주어를 쓰려면 우리나라 부동산 가격들 간에 서로 상관관계가 확인되어야 합니다. 우리나라 부동산이지만 강남 아파트 가격은 오르고 지방 중소도시 아파트의 가격은 떨어지는 상황에서(상관관계가 인정되지 않음) '우리나라 부동산 가격'을 전망하겠다는 출발부터 오류가 있는 것이지요.

일본의 고령화 사회 진입과 부동산 가격 간에 상관관계가 인정되는지도 확인해봐야 합니다. 막연하게 일본이 현재 고령화 사회이고 부동산 가격이 낮다는 사실만으로 둘 사이에 상관관계가 인정되는 것은 아닙니다. 일본 부동산 가격의 추세 역시 도쿄 중심지와 지방 중소도시가 전혀 다른 방향으로 움직이므로 상관관계가 인정되지 않습니다. 동시에, 가격 하락도 사실이고 고령화 사회와 상관관계가 인정된다 하더라도, 고령화 사회로의 진입이 부동산 가격 하락과 인과관계에 있는 것도 아닙니다.

나만의 논리 스피치

대통령 지지 연설 사례

과거 대통령 선거에서 찬조연설을 했던 윤여준 전 환경부 장관이, 다른 찬조연설자들과 어떠한 점들이 다른지 이야기해 봅시다. 확신에 차서 지지를 호소하는 다른 연설자들과 달리, 윤 전 장관이 왜 자신의 확신의 정도를 조절해가면서 이야기했을지를 헤아려보면 좋을 듯합니다.

특히 찬조연설 앞부분에서부터 자신의 지지 후보에 대한 대중들의 부정적인 의견들을 거론하였는데요, 그 이유는 무엇이었을지도 말해봅시다(거듭 말하지만 논리 공부에서 다양한 인물의 스피치를 소개하고자 하니 정치적 호불호를 판단하는 오해는 없길 바랍니다).

....

....

....

....

....

....

....

....

....

....

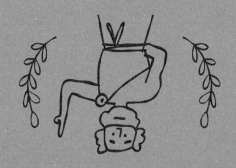

유년기 두 번째를 몰아이드

6장

"예를 들면"이라는 단어는
"왜냐하면"과 "이것을 보면"에 이어서,
논리천재를 만드는 세 번째 마법 단어입니다.

"예를 들면"이라는 말의 힘

앞에서, 논리란 (생각, 사고, 머리 쓰기 등) 인간의 이성적 활동을 통해서 눈에 보이지 않는 옳고 그름을 분별하고, 그러한 내 생각을 상대방에게 전달하여 상대방이 이를 수긍할 수 있도록 돕는 일이라고 하였습니다. 많은 사람들이 논리적으로 사리를 분별하고, 이를 남에게 전달하는 것에 어려움을 느끼지 않던가요. 그 이유는 여러 가지가 있겠지만, 저는 그것이 눈에 보이지 않는 것을 다루는 것이기 때문인 점이 큰 이유라고 생각합니다.

원인이 파악되면 해결책을 생각해볼 수 있겠지요. 문제에 대한 우리의 사고 활동을 눈에 보이게 만들면 됩니다. 어떤 방법들이 도움이 될까요?

가장 생생하게 눈에 보이는 것부터 떠올려보자면 우선 3D 영화관이 생각나네요. 대상을 입체적으로 만들면 내가 그 속에서 길을 찾아가는 일도 쉬워지고, 다른 사람에게 보여주는 것(전달)도 쉬워집니다.

생각을 어떻게 입체적으로 만들 수 있을까요? 멀리 떨어진 물체는 움직이지 않고 제자리에 가만히 있을 때 가장 눈에 들어오지 않습니다. 그러나 이 물체가 좌우로 움직이기 시작하면 그제야 서서히 눈에 띄게 되지요. 만약 위아래 방향으로 그 움직임이 더 커진다면 물체에 입체감이 더해지면서 그것의 정확한 모습이 가장 잘 보이는 상태가 됩니다.

사실 우리는 위 첫 단계를 앞에서 이미 공부했습니다. 성급한 확신에 가득 차 있는 사람의 생각은 오른쪽 끝에 서서 움직이지 않는 물체와 같습니다. 아무리 집중하며 관찰하더라도 자기 생각(주장)의 정확한 모습을 보기 어렵습니다.

성급한 확신에 가득 찬 사람들의 공통적인 특징 중

우리 아이 논리 공부

하나가 같은 말을 반복하는 것입니다. 이 사람들은 오른쪽 끝 한 점에 서서 움직이려 하지 않기 때문에, 그 문제에 관한 이야기를 할 때는 자신이 서 있는 한 점에 관한 이야기만 계속하게 됩니다. 자신의 좌우와 위아래에 어떠한 생각과 증거들이 더 있는지 살펴보는 일을 귀찮아하기 때문에 자신이 알고 있는 좁은 생각만 앵무새처럼 반복하게 되는 것입니다. 점은 위치만 있을 뿐 면적을 갖지 못합니다.

자신의 생각이 맞는지 끊임없이 되묻고, 자신과 다른 생각이더라도 기꺼이 반갑게 들으면서 진리에 대한 겸손함을 잃지 않는 사람은, 그 생각이 오른쪽 끝에서 왼쪽 끝까지 긴 구간에서 좌우로 움직이는 일을 게을리하지 않는 사람입니다.

이런 사람의 생각은 결과적으로 틀릴 확률도 적고, 더 많은 사람들이 그의 생각을 더 쉽게 이해하고 수긍하게 될 테지요. 그의 생각이 좌우의 양끝 사이를 열심히 움직이고 있으니 생각의 모습이 눈에 더 잘 띌 수밖에요.

한 걸음 더 나아가서, 생각이 좌우보다 위아래로 움직이면 생각의 모습이 한결 더 눈에 들어올 것입니다. 생각이 위아래로 움직인다는 것은 위에 있는 추상에서부터 아래에 있는 구체까지 폭넓게 움직인다는 뜻이니까요.

예를 들어 '정의'라는 개념이 맨 위 하늘에 있는 추상적인 개념이라면, 그 아래에 불편부당이나 이해충돌 같은 중간 개념들이 존재합니다. 그러다가 맨 아래 땅으로 내려오면—가령 치킨을 배달하는 옆집 아저씨가 어느 날 배달할 박스에서 치킨 한쪽을 꺼내 몰래 먹는 모습을 우연히 보게 됐는데 이것을 옆집에 알려주어야 할지 고민하게 되는—개별 사건이 기다리고 있을 테죠.

'좋다 싫다'는 위에 있는 추상적인 생각입니다. 그래서 아이가 "아빠랑 노는 게 더 좋아요"라고 할 때 "예를 들어 아빠랑 무엇을 할 때 좋았을까?"라고 실제 그에 해당하는 예를 생각해보고 말할 수 있도록 이끌어주어야 합니다. 아이의 생각은 위 단계에서 아래 단계로 내려오면서 입체감이 생기고, 눈에 더 잘 보이게 될 테니까요. 그만큼 논리적인 생각의 발걸음을 내딛기가 훨씬 더 쉬어지는 것입니다.

그래서 "예를 들면"이라는 단어는 "왜냐하면"과 "이것을 보면"에 이어서, 논리천재를 만드는 세 번째 마법 단어입니다.

생각을 아래에서 위로 올려보기

"엄마가 좋아, 아빠가 좋아?"

"잘 모르겠어요."

"그럼 곰돌이가 좋아하는 걸 생각나는 대로 말해보자. 그런 다음, 그중에서 엄마랑 같이 하면 더 좋은 것들을 따로 묶어볼까?"

앞에서 생각을 위아래로 움직이는 방법 중에, 위에서 아래로 내려와 생각에 입체감을 불어넣는 단어로 "예를 들면"이라는 표현을 알게 되었지요. 이제는 반대로 아래에서 위로 올라가볼 차례입니다.

생각을 아래에서부터 위로 올라가도록 하기 위해

서는 우선 '생각나는 대로 말하기'가 그 첫 번째 과제입니다. 선반 위로 올라갈 사다리를 만들려면 우선 나무들부터 모아야 합니다. 사다리를 만들 재료가 없는데 혼자서 종이 위에 아무리 정교하게 사다리를 설계해본다 한들 선반 위로 올라갈 수가 없겠지요. 우리가 회사에서 자주 듣는 브레인스토밍Brainstorming의 첫 번째 원칙이 최대한 많은 생각을 늘어놓는 것(양에 초점을 맞추는 것)인 이유와 일맥상통합니다.

위로 올라가기에서 두 번째 할 일은 '주어진' 기준에 따라 같은 것끼리 묶는 일입니다. 엄마가 좋은지 아빠가 좋은지 잘 모를 때 잠시 엄마 아빠는 잊고, 아이가 좋아하는 일들을 최대한 많이 적어보게 합니다. 그리고는 적어놓은 것들 중에 엄마랑 함께 할 때 더 좋은 것과 아빠랑 같이 할 때 더 좋은 것, 이렇게 두 가지로 나누어 묶습니다.

첫 번째와 두 번째 사항이 충분히 익숙해졌으면, 마지막 세 번째 고급과정은 나름의 '기준을 정해서' 묶는 것입니다. 생각나는 대로 재료들을 적어놓고, 그런 다음 어떤 특정한 기준을 정해서 이 재료들을 나누는 겁니다. 더 나아가 세 가지로 나눌 수 있는 기준도 정해보고요. 이 단계에까지 이르면 생각이 위로 올라가는 능력이 상당한 수준으로 발전한 것입니다.

'생각이 위로 올라간다'는 것은 논리적이어야 할 생각의 단계에서, 생각의 능력이 한정된 인간이 세상의 문제를 해결할 수 있는 길을 찾도록 도와줍니다. 어른의 경우도 마찬가지입니다. 새 제품을 준비하기 위해 팀원들이 모여 회의를 하면 이런저런 사실을 확인해본 뒤 결정해야 할 일들이 끝도 없이 쏟아지지 않던가요. 이런 상태에서는 도대체 어디서부터 시작해야 할지조차 감이 오지 않습니다.

이럴 때 켜켜이 쌓여 있는 문제들에 망연자실하지 말고, 시간 순서에 따라, 그러니까 기획 단계에서 확인해야 할 일들, 제작 단계에서 확인해야 할 일들, 판매 단계에서 확인해야 할 일들로 묶어보면 어디서부터 시작해야 하는지 생각이 굴러가기 시작합니다.

여기서 한 걸음 더 나아가볼까요? 같은 문제를 다

른 기준으로도 한번 묶어보면 생각이 3차원 입체영상처럼 바뀌어 더 잘 보이기 시작할 겁니다. 시간 순서에 따라 묶었던 문제들을 이번에는 대상을 기준으로 나눠보자고요. 정부기관과의 관계에서 확인해야 할 일들, 유통업체와의 관계에서 확인해야 할 일들, 소비자와의 관계에서 확인해야 할 일들로 기준을 바꾸어서 생각을 묶어 올리는 것입니다.

'생각이 위로 올라가는 것'은 논리적 말하기(전달) 단계에서, 상대방이 내 생각을 잘 받아 이해할 수 있도록 도와주는 포장과 같은 역할을 합니다. 자기가 가지고 있는 약들을 한 뭉치 쥐어 내미는 사람과, 감기약 따로, 소화제 따로, 연고 따로, 이렇게 제각각 담은 후 다시 하나의 포장에 담아서 건네주는 사람이 있다고 칩시다. 당신은 둘 중에 누가 건네는 약을 받아가고 싶은가요? 내가 약을 더 정확히 확인하며 복용하려면 누구의 약을 택해야 하는지 더 쉽게 이해할 수 있겠지요.

학교 회장 선거에서 공약을 내걸 때에도 자신이 생각해온 공약들을 줄줄이 늘어놓으면 다섯 번째 공약

즈음해서 모두들 더 이상 집중해주지 못할 것이 뻔합니다. 더 즐거운 학교 만들기를 위한 세 가지, 더 열심히 공부하는 학교 만들기를 위한 세 가지, 서로 더 아껴주는 학교 만들기를 위한 세 가지 등으로 묶어서 전달하면 어떨까요. 이해하기도 쉽고 기억하기도 쉬울 뿐 아니라, 표를 주기도 더 쉬워지겠지요.

이미지의 힘

"엄마가 좋아, 아빠가 좋아?"

"잘 모르겠어요."

"그럼 장군이가 좋아하는 걸 여기에 그려볼까? 이 축구공으로 누구랑 함께 놀 때가 더 좋을까?"

"저는 엄마랑 축구하는 게 더 재미있어요."

과거에는 미처 다뤄지지 못했지만, 최근의 논리 공부에서 그 중요성이 점점 더 커지는 부분이 '생각 그리기'입니다. 대부분의 논리 공부 책을 펼쳐보면 책 안에 글자나 숫자, 기호만 가득하지요. 요즘만의 일은 아닙니다. 기원전부터 최근까지 2천 년 이상 그래왔으니까요.

글은 주로 인간의 이성 뇌 또는 좌뇌가 다루는 일입니다. 이렇게 보면 오랜 세월 동안 사람들은 생각하기와 말하기(전달)에서 뇌의 반쪽 부분만 활용한 셈입니다. 최근에는 여기에 그림을 동원하기 시작했습니다. 그림은 주로 인간의 직관 또는 우뇌가 다루는 부분입니다. 그래서 스스로 생각의 길을 찾아갈 때에나 자신의 생각을 남들에게 전달할 때, 글과 그림 즉 좌뇌와 우뇌를 함께 쓰는 것입니다.

출생의 비밀이 이중 삼중으로 겹쳐지는 막장 드라마의 등장인물 관계도를 떠올려보세요. 그림으로 보면 쉽게 이해할 수 있지만, 이런 복잡한 관계를 글로만 적어놓으면 다섯 번을 반복해 읽어봐도 이해가 쉽지 않을 것입니다. 여기서는 쉬운 이해를 위하여 좌뇌와 우뇌라고 하였지만, 이에 관한 보다 정확하고 깊이 있는 설명을 원하는 독자는 영국 웨스트민스터대학의 캐서린 러브데이 교수가 쓴《나는 뇌입니다》를 읽어보면 도움이 될 것입니다.

우리 아이 논리 공부

생각 그리기의 예로 우리가 흔히 접할 수 있는 것이 있는데, 수사기관에서 수사결과를 발표할 때 자주 쓰는 범행 구조도가 있습니다. 아래 기사에 실린 그림을 살펴봅시다.

'검찰, 사채 이용해 기업 인수 후 회삿돈 718억 빼돌린 기업사냥꾼들 기소', 〈중앙일보〉 2022년 7월 15일자 ▶

이 범행 구조도의 내용을 글로만 전달하라고 하면 글 쓰는 사람은 밤을 새며 고생해야 할 테지만, 문제는 완성된 글을 읽은 독자는 내용의 절반도 이해하지 못할 겁니다.

어렸을 때 기억을 떠올려봅시다. 초등학교 저학년 시절, 선생님은 우리에게 그림일기를 쓰도록 지도하셨지요. 왜 '일기'가 아니고 '그림일기'였을까요? 오늘 하루 있었던 일을 기록하는 데 있어 글과 그림을 함께 활용하면 좌뇌와 우뇌가 서로 상호작용을 하면서 그 순간의 기억을 더 생생하게 만들어줄 테니까요. 글로 표현하기 어려운 느낌을 그림이, 반대로 그림이 표현하기 어려운 생각을 글이 서로서로 도와주는 것입니다.

우리가 어릴 적 기억으로 지나쳐버린 그림일기에는 우리의 생각 능력과 표현 능력을 발전시키는 뇌과학의 깊은 의미가 담겨 있습니다. 최근 들어 성인들 사이에서도 그림일기를 써보려는 흐름이 있던데 이는 매우 반가운 일입니다. 그림일기에 관심을 갖는 독자라면 아래 기사를 한번 읽어봅시다.

'방학숙제도 아닌데, 그림일기 쓰는 어른들이 나타났다', 〈한국일보〉 2018년 8월 8일자 ▶

생각 그리기는 논리 공부에서 크게 세 가지 의미를 갖습니다.

첫째, 생각 그리기는 내가 내 머릿속의 생각을 잘 볼 수 있게 도와줍니다. 갓 태어난 아이는 자신과 세상을 거의 구분하지 못합니다. 가령 신생아가 곧바로 엄마를 구분하지 못하는 것처럼요. 영유아 심리학에서는 이때를 공생기라고 부릅니다.

그런데 우리도 자신의 머릿속 생각과 그러한 생각을 인식하는 나 자신을 구분하지 못하는 경우가 많습니다. 뭔가 생각이 맴도는데 그 내용이 정확하게 무엇인지 나 스스로도 잘 모르겠는 경우를 경험하지 않았던가요? 혹은, 전혀 인식하지 못하고 있었는데 내가 당시 그러한 생각을 하고 있었다는 사실을 뒤늦게 알게 되는 경우도 있습니다.

이때 먼저 떠오르는 단어들을 적은 후 그 단어들을 그림으로 서로 연결해보면 내 머릿속에 있는 생각들이 나 자신에게 좀 더 잘 보일 것입니다. 이렇게 내 생각들을 보고 나면, 보이지 않았을 때는 떠오르지 않았던 새로운 생각들이 하나씩 모습을 드러낼 것입니다. 생각의 바퀴가 좀 더 쉽게 굴러가기 시작한 것이지요.

둘째, 내 생각을 그림으로 그렸다는 것은 내 생각이 머릿속에서 충분하게 정리되었다는 것을 확인시켜주는 셈이지요. 글로만 적었을 때에는 보이지 않던 생각의 구멍들이, 그림으로 그려보면 그간 어떻게 이것이 안 보였을까 싶을 정도로 크게 보입니다. 그래서 생각이 정리되지 않으면 생각이 그림으로도 잘 그려지지 않습니다. 반대로 내 생각을 그림으로도 충분히 설명해낼 수 있게 되었다면 내 생각은 나름의 정리가 된 것이고, 이제 남에게 전달할 준비가 되었다는 뜻입니다.

셋째, 생각 그리기는 내 생각을 상대방에게 전달하고 상대방이 이를 더 잘 이해할 수 있도록 도와줍니다. 생각을 글과 그림으로 함께 표현하면 그 표현을 하는 나 자신뿐만 아니라 내 생각을 듣고 보는 상대방 역시 양쪽 뇌를 함께 사용하면서 이해하기 때문입니다.

어느새 내 자신이 꼰대가

상대방에게 내 생각을 전달하기 위하여 여러 가지 표현 방식을 동원한다는 것은 또 다른 측면에서 중요한 의미가 있습니다. 논리적 말하기에서 가장 멀리해야 할 모습 중 하나가 같은 말을 반복하는 습관입니다. 누군가 무슨 이유에서든 한 사람 앞에서 같은 말을 반복하고 있다면, 아마도 그렇게 말하는 사람은 논리적 말하기 능력이 낮은 사람일 가능성이 높을 겁니다.

아이들이 부모로부터 듣기 싫은 소리에 관한 설문 조사를 하면 언제나 1, 2위를 놓치지 않는 것이 잔소리입니다. 그래서 부모 공부와 관련된 많은 책이나 소위 육아 전문가들은 아이들에게 잔소리 줄이는 것을 해법이라고 내놓곤 하지요. 그런데 이는 전혀 도움이 되지 않습니다. 왜 그럴까요?

잔소리란 '쓸데없이' 자질구레한 말을 늘어놓는 것을 말합니다. 그러나 어느 부모도 자기 아이에게 '쓸데없는' 내용을 말하지 않습니다. 같은 말을 두고 부모는 매우 '쓸데 있다'고 생각하고, 아이는 전혀 '쓸데없다'고 생각하는 상황에서, 잔소리를 줄이라는 조언이야말로 쓸데없는 조언일 뿐입니다.

비단 아이들에게만 그럴까요? 젊은이들이 싫어하는 소위 꼰대의 특성도 마찬가지입니다. 같은 말을 반복하곤 하니까요. 어쩌면 우리는 하루 종일 직장에서 꼰대 부장을 욕하다가 퇴근했는데, 정작 집에 와서는 아이에게 꼰대의 주요 특징을 여지없이 보여주고 있는지도 모릅니다.

그러면 잔소리꾼과 꼰대, 이 두 존재가 같은 말을 반복하는 이유는 무엇일까요? 그리고 이것이 논리적 말하기에서 왜 중요한 지점일까요?

'같은 말 반복하기'는 아래와 같은 세 가지 전제(생

우리 아이 논리 공부

각)를 바탕으로 합니다.

첫째, '나는 언제나 옳은 말을 옳은 방법으로 전달하고 있어.'

둘째, '그럼에도 불구하고 상대방이 생각이나 행동을 바꾸지 않는 이유는 내 말을 제대로 받아들이지 않거나, 받아들이지 못해서지. 결국 상대방의 태도나 능력의 문제야.'

셋째, '따라서 나는 같은 말을 같은 방법으로 전달하기를 반복해서 상대방이 자신의 잘못(태도나 능력)을 고치도록 만들어야 해.'

그러나 세 가지 전제 모두 틀렸습니다. 무엇보다 내 전달 방법이 상대방에게 잘 전달되지 않고 있다면 다른 방법을 찾는 것이 맞습니다. 무조건 상대방을 탓하면서 자신의 방법만을 반복할 일이 아니지요. 뾰루지를 없애줄 것이라 기대하고 연고를 사서 발랐지만 뾰루지가 더 커진다면 사용을 중단하고 다른 약을 찾는 것이 맞지 않을까요. 소용없는 그 약을 멈추지 않고 계속 바르는 것은 결코 옳은 행동이 아닙니다.

여러 방법을 써봐도 내 아이가 공부하라는 부모의 말을 도통 듣지 않는다면, 반복되는 잔소리보다는 차라리 가만히 두고 보면서 반감이라도 줄이는 것이 답입니다. 어떤 방법으로 표현하더라도 어차피 아이는 싫어할 것이기에, 부모에게 있어 그나마 가장 편한 방법인 "공부해!"라는 말의 반복은 어느 경우에도 답이 될 수 없습니다.

아이가 조금 더 받아들일 수 있는 방법으로 나의 전달 방법을 바꿔볼 생각이 있다면, 함께 도서관에 같이 앉아도 보고, 자격증을 따기 위해서 애쓰는 부모의 모습을 보여주는 것은 어떨까요. 때로는 아이가 관심을 두고 있는 직업이 있다면 실제로 그 직업을 가진 사람을 직접 만나게 해주는 것도 좋습니다. 생각의 전달을 오로지 '말하기' 하나에만 의존하려 하면서 밀어붙인다면, 어쩌면 우리는 오랜 옛날 기원전의 논리학 수준에 머물러 있는 것일지도 모르겠군요.

🔍 핵심 키워드

예시   구체화   분류   추상화   사고의 시각화

좌뇌와 우뇌의 협업

한 걸음 더

증명의 방법은 여러 방법으로 나눌 수 있지만 직접 증명(연역적 증명), 수학적 귀납법, 예증, 반증법으로 나누어 볼 수 있습니다.

직접 증명 : A가 B고, B는 C임을 통하여 결국 A가 C임을 증명하는 방법입니다.

수학적 귀납법 : 변수가 1일 때 참임을 보이고 n이 참이면, n+1인 경우도 참임을 증명합니다. 그래서 1, 2, 3, 4, 5, 6, 7, 8의 경우도 모두 참임을 증명하는 방식입니다.

예증 : 주장의 내용을 모두 만족하는 실제 사례를 제시하는 증명입니다.

반증 : 주장과 모순되는 사례를 제시하는 반대증명으로, 귀류법(歸謬法) 또는 배리법(背理法)이라고도 부릅니다. 영어로는 'Proof by contradiction'이라고 표현합니다.

지적 겸손이 필수인 이유

2020년 당시 우리나라 정부는, 2018년 우리나라 대법원 판결에 따라 일본 기업들이 강제징용 피해자들에게 보상할 의무가 있다는 입장이고, 이에 대하여 일본 정부는 우리나라 정부가 1965년 소위 한일협정에 의한 국가 간의 약속을 지키지 않는 것이라고 주장하고 있습니다.

한국 정부, 대법원, 일본 정부, 일본 기업, 강제징용 피해자를 각각 그려놓고, 서로 간의 관계를 이어보면서 메모해봅시다. 아래 소개하는 대법원 판결문 중에서 12쪽부터 17쪽까지의 내용을 읽은 후, 앞서 자신이 그렸던 그림 중에 바꾸거나 더할 것이 있는지 다시금 생각해봅시다.

강제징용 보상 문제에 관한 대법원 판결문
(출처: 대한민국 법원 공식사이트 scourt.go.kr) ▶

　'생각 그리기'와는 별개로, 이 문제는 앞서 설명한 '성급하고 과도한 확신'과 '지적 겸손'과 관련하여서도 시사하는 바가 큽니다. 나는 의외로 이 문제에 대하여, 한일협정 때 다 정리된 일인데 우리나라가 떼를 쓰고 있다고 단언하는 '우리나라' 사람들을 많이 보게 되었습니다. 섭섭하게도 법률전문가로 평생 살아온 내가 바로 앞에 앉아 있는데, 이에 대한 저의 생각은 물어보지도 않습니다. 사실 제 생각을 묻는 것은 그들에게는 필요 없는 일입니다. 왜냐면 그들 안에 이미 확신이 차고 넘치고 있으니까요.

　이런 사람을 만날 때마다 나는 혹시 2018년 대법원 판결 내용은 한번 보셨느냐고 묻습니다. 봤다는 사람을 현재까지는 단 한 명도 만나지 못했습니다. 낮은 질과 양의 정보에 자신의 비전문적 판단능력을 곱한 뒤, 성급하고 과도한 확신을 가지는 전형적인 경우입니다. 지적 겸손을 잃지 않는 것이, 나이와 상관없이 사람의 지적 능력의 성장에 얼마나 중요한지 여실히 보여주는 좋은 예입니다.

깊이 있는 논리 공부에 관심이 있는 독자라면 위 대법원 판결문 전체 내용을 읽어봅시다. 논리 공부에 더할 나위 없이 좋은 교재이고, 충분히 애써 읽어볼 가치가 있습니다.

7장

논리 습관의 방해꾼

'말발은 타고나는 것'이고 '논리는 공부한다고
될 일이 아니다'라고 말하는 것은,
천성적으로 건강한 체질인 사람이 있으니
운동은 할 필요가 없다고 말하는 것과
크게 다르지 않습니다.

본능적으로 vs 습관적으로

현명하게 판단하고 조리 있게 말하고 싶다하면서, 실제로 논리 공부는 할 생각이 없어 보이는(하고 싶다고 말하면서도 하지 않는) 사람들로부터 내가 가장 많이 들었던 이야기는 "말발은 타고난다"는 것입니다. 논리적으로 생각하고 말하는 능력은 선천적으로 타고나는 것인데, 자신은 그런 능력을 타고나지 못했기 때문에 애써도 나아지지 않을 것이라고 확신하는 모습들이더군요.

그러나 30년 가까이 논리를 배우고 가르치고 연구해온 내가 관찰한 바에 따르면, 논리는 본능(천성 또는 타고난 재능)이 아니라 습관에 가깝다는 결론입니다. 앞서 '논리는 생각의 틀'이라고 하였습니다. 판단을 할 때마다 생각의 틀에 맞추어 생각해 버릇하고, 남에게 내 생각을 말할 때에도 생각의 틀에 담아 전해 버릇하는 것이 바로 논리 공부입니다.

이런 버릇이 반복되어 몸에 배면 어떤 변화를 느끼게 될까요?

첫째, 어떤 생각(판단 또는 결정)을 할 때 일부러 애쓰지 않아도 내 생각이 논리의 틀을 따라 흘러갈 겁니다. 흔히 이런 사람을 논리적 사고력이 뛰어난 사람이라고 평하지요.

둘째, 내 생각이 잘못된 방향으로 흘러갈 때 논리의 틀에 걸려서, 마치 톱니바퀴에 이물질이 끼인 것처럼 생각이 잘 흘러나가지 않게 됩니다. 이때 몸에 밴 논리 습관이 오류를 막아주고 충돌 방지 알림을 보내게 되는 것이지요. 세상에서는 이런 사람을 '믿을 만한 사람'이라고 평하곤 합니다.

셋째, 스스로 논리의 틀에 익숙해지고 나면 다른 사람이 잘못된 말을 했을 때 어느 부분에서 문제가 생긴 것인지를 쉽게 짚어낼 수 있습니다. 우리는 이런 사람을 '예리하다'고 말해주지요.

결국 우리가 흔히 "말발이 세다"고 평하는 사람들은 생각과 말을 논리의 틀에 담는 것에 익숙한 사람, 그 이상도 그 이하도 아닙니다. 이런 습관이 쉽게 생기는 사람도 있고, 조금 더 오래 걸리는 사람이 있을 뿐입니다. 그러나 이런 점을 보면서 '말발은 타고나는 것'이고 '논리는 공부한다고 될 일이 아니다'라고 말하는 것은, 천성적으로 건강한 체질인 사람이 있으니 운동은 할 필요가 없다고 말하는 것과 크게 다르지 않습니다.

언어논리는 쉽게 말해서 '말버릇'입니다. 나는 논리 공부를 어려워하는 사람들에게 흔히 아래 세 가지 단어만 의식적으로 자주 쓰는 습관부터 들이기 시작하라고 부탁합니다.

"왜냐하면"

"이것을 보면"

"예를 들면"

이미 앞서 배운, 논리천재를 만드는 세 가지 마법

단어들입니다. 직장에서 회의할 때 "저는 A업체가 더 적합하다고 생각합니다"라고 한 뒤 입을 다무는 곰 과장과, "저는 A업체가 더 적합하다고 생각합니다. 왜냐하면"이라고 말을 이어가는 장 과장은 분명 수준이 달라 보일 테니까요.

'왜냐하면'이라는 단어를 처음 붙일 때에는 그 뒤에 나오는 내용이 보잘것없는 것임이 당연합니다. 그러나 반복의 힘은 생각보다 무섭답니다. "왜냐하면"이라고 말을 이어가는 일을 반복하다 보면 점점 그 내용이 튼실해집니다. 처음에는 '저런 이유는 나도 얼마든지 댈 수 있어'라고 생각하면서 차라리 "생각합니다"라는 말로 끝내기를 잘했다고 생각했던 곰 과장도, 뒤늦게야 논리라는 말버릇의 힘을 알게 될 것입니다.

버릇은 반복이고, 한 살이라도 어릴 때 시작하면 좀 더 쉽고 강하게 몸에 밴다는 것을 우리는 잘 알고 있습니다. 그래서 어린 시절의 논리 공부가 중요하고, 어린 시절 그런 기회를 얻지 못했다면 남은 인생 중 가장 젊은 날인 오늘부터 논리 공부를 시작하는 것이 중요합니다. 그만큼 효율적이니까요.

아이의 말버릇(논리 습관)을 만들어주는 데 가장 큰 영향을 미치는 것은 당연히 부모의 말버릇입니다. 버릇처럼 아이에게 "왜 그럴까?" "뭘 보면 알 수 있을까?" "예를 들면 어떤 것이 있을까?"라고 물어보는 것을 반복해주는 것이야말로 논리 공부의 핵심입니다.

아이가 어떠한 답을 하는지는 전혀 중요하지 않습니다. 오히려 이 부분에서 부모의 역할은, 아이가 황당한 답을 했을 때 실망하는 모습을 보이거나 아이의 답을 고쳐주려는 실수를 범하지 않는 것입니다. 부모의 그런 행동은 아이로 하여금 "예를 들면"을 붙이기를 주저하게 만들어서, 아이의 논리력이 발전할 기회를 방해하게 될 뿐입니다.

부모가 해야 할 역할은 아이가 "예를 들면"이라는 말 뒤에 뛰어난 답을 하게 만드는 것이 아닙니다. 부모의 역할은 "예를 들면 어떤 것이 있을까?" 하고 물어주고 그 답을 귀담아 들어주는 일을 꾸준히 반복하는 것입니다. 그래서 어느 순간 아이가 따로 묻지 않았는데도 "……라고 생각해요. 예를 들면……"이라고 먼저 말할 수 있도록 도와주는 거죠. 어떠한 예를 드는지가 중요한 것이 아니고, "예를 들면"이라는 말을 스스로 하는 것이 중요한 것입니다.

이렇게 기본적인 논리 말버릇에 익숙해진 뒤에 좀 더 심화단계의 논리 말버릇을 하나씩 익혀가면 됩니다. 앞선 세 가지가 익숙해지면 다음으론 "이에 대해서는 다음과 같은 반대의견이 있을 수 있습니다"와 "종합해보면"이라는 논리 말버릇을 연습해봅시다.

설득은 불가능하다

"엄마가 좋아, 아빠가 좋아?"

"아빠가 더 좋아요."

"아니지, 곰돌이는 엄마를 더 좋아할걸? 이유를 얘기해줄게. 잘 들어봐."

습관은 반복을 통해서 얻어집니다. 반복하려면 우선 그 경험을 불편하게 만드는 것들부터 없어야 합니다. 차에 타면 안전벨트 매는 습관을 들이라고 아무리 가르쳐도, 막상 안전벨트를 했을 때 높이가 안 맞아서 매번 띠 부분이 아이 목에 닿아 불편을 호소한다면 어떨까요? 안전벨트 매는 습관을 갖기가 어려워질 겁니다.

논리 습관에도 이러한 방해꾼들이 있습니다. 이 중 가장 광범위하고 강력한 것이 논리를 '남을 설득하는 도구'라 생각하는 오해에서 비롯되는 것들입니다.

서점에 가면 논리와 말 기교와 심리적 기술 등으로 남을 설득할 수 있는 방법을 알려주겠다는 책들이 가득합니다. 쉽게 말해서 논리 공부를 하면 상대방이 나와 같은 생각을 하도록 상대방의 생각을 바꿀 수 있고 조종할 수 있다는 얘기인 거죠. 논리 공부는 그런 방법을 배우는 것이라는 의미인 듯싶네요. 그런 제목을 달아야 책이 잘 팔리는 경향이 있으니까요.

여기서 다시 신영복 선생의 《담론》 1장 부분을 읽어 봅시다.

오랜 강의 경험에서 터득한 것이 있습니다. 설득하거나 주입하려고 해서는 안 된다는 것입니다. 사람의 생각은 자기가 살아온 삶의 결론입니다. 나는 20년의 수형 생활 동안 많은 사람들과 만났습니다. 그 만남에서 깨달은 것이 바로 그 사람의 생각은 그 사람이 걸어온 인생의 결론이라는 것이었습니다. 대단히 완고한 것입니다. 다른 사람이 설득하거나 주입할 수 있다고 생각하면 안 됩니다. 그렇기 때문에 강의의 상한(上限)이 공감입니다.

말의 기술을 연습하고 사람들의 심리를 교묘하게 이용하면 남을 설득시킬 수 있다는 책들이 많습니다. 몇 명의 사람에게 몇 번쯤은 통할 수 있습니다. 그러나 지적 겸손은 반드시 잊지 말아야 하는 기본입니다. 남들은 바보가 아닙니다. 결국 나에게 돌아오는 평은 운 좋아야 "말만 번지르르한 사람"일 테고, 대부분의 경우에는 "잔머리 굴리는 사람"이라는 말일 것입니다.

논리는 내 생각을 상대방이 좀 더 쉽고 정확하게 이해할 수 있도록 하기 위한 노력입니다. 그를 통해 기대할 수 있는 성과의 최대치는 상대방이 나의 생각을 공감해줄 확률을 높이는 것에 있습니다.

내 노력을 통해 상대방이 내 생각을 쉽게 그리고 정확하게 이해했다면 내가 할 수 있는 일은 거기까지입니다. 상대방이 그러한 내 생각을 공감해줄지, 거기서

우리 아이 논리 공부

더 나아가서 자신이 전에 가지고 있었던 생각까지 바꾸게 될지는 오로지 상대방의 몫입니다. 내가 바꾸라고 요구할 수 있는 일이 아니고, 내 생각을 이해했으면서도 왜 너의 생각을 바꾸지 않느냐고 화낼 수 있는 일도 더더욱 아닙니다.

토론 대회에서도 상대방을 설득 내지 굴복시키겠다고 덤비는 친구를 보게 되는데요. 여기에는 자신이 논리, 논술, 토론 공부를 누구보다도 열심히 했고, 이 토론 대회에서 좋은 점수를 얻기 위해서 온갖 자료들을 다 모으고 공부했으며, 그러므로 자신은 이제 상대방을 설득시킬 수 있다는 생각이 전제되어 있습니다.

그런데 생각을 좀 해봅시다. 상대방은 이 토론 대회에 어떠한 생각으로 나왔을까요? 오늘 가서 내가 하는 얘기를 들어보고, 그럴 듯하면 나한테 설득되어 주기 위한 마음으로 나왔을까요? 그렇지는 않을 것입니다. 내가 상대방을 설득하려 애쓰는 강도가 세지면 세질수록, 상대방은 더 강한 힘으로 내 생각을 밀어내려 할 것입니다.

결국 내 생각이 맞고, 내가 논리적으로 생각을 설명 (전달)하였음에도 불구하고 나에게 설득되지 않는 상대방에게 화가 날 것입니다. 나는 다 맞게 전달했는데 고집불통인 상대방 때문에 내가 원했던 성과를 얻지 못하였기 때문일 테지요. 화를 내기 시작하면 논리적 판단력은 흐려질 수밖에 없습니다. 이성 뇌가 기대한 성과를 얻지 못할 때 발생하는 감정 뇌의 작용은 이성 뇌의 활동을 방해합니다.

처음에는 논리적으로 흠잡을 데 없었던 내 말들도 점점 더 비약과 억지의 영역으로 빠져들고, 결국 나는 토론 대회를 망치고 말 것입니다. 무엇이 잘못된 것일까요?

논리를 통해서 상대방을 설득시키겠다고 마음먹고 그럴 수 있다고 믿을 때부터, 이미 이런 결과는 예정되어 있었던 것입니다. 논리적 말하기를 통해 내 생각과 근거를 상대방과 청중들에게 쉽고 정확하게 전달하고, 내 생각과 반대되는 주장은 어떤 것들이 있을지 생각해보는 것이 먼저 아닐까요. 그렇게 해서 반대 주장의 모순과 제시한 근거의 문제점이 잘 드러나도록 하겠다고 목표를 정했다면 아마 반대의 결과가 예정되었을 것입니다.

논리를 설득의 도구로 생각하는 사람들은 언제나 '나는 맞고 너는 틀리며, 문제의 원인은 오로지 고집불통인 너에게 있다'라고 결론내기 쉽습니다.

그러나 논리를 '공감'을 돕는 방법으로 생각하는 사람에게는 '내 생각을 청중들에게 쉽고 정확하게 전달하려 노력'하는 나의 모습과 그럴 수 있는 나의 능력이 있을 뿐입니다. 상대방이 고집불통인지 아닌지는 나의 성과를 좌우하는 요소가 아니라는 거지요. 그래서 상대방을 욕할 이유도 없습니다. 상대방에게 화를 내느라 나의 말까지 엉망진창으로 만들 이유는 더욱더 없습니다.

내 아이에게 논리를 가르치겠다고 하면서, 나 스스로 논리를 설득의 도구로 생각하고 아이와 대화를 이어간다면, 이는 아이의 논리 공부를 돕고 있는 것이 아니라 부모가 논리 습관의 방해꾼 역할을 하고 있는 것입니다. 내가 목표로 삼은 (원하는 또는 믿었던) 성과는 처음부터 잘못 잡은 것이고, 따라서 그러한 성과는 나오지 않을 것입니다. 왜냐고요? 아이에게 화내는 모습만 보이게 될 것이며, 아이에게 논리 공부는 점점 불편한 경험이 될 것이기 때문입니다.

'설득은 불가능하다'는 주제에 관한 좀 더 상세한

설명과 대안에 관해서는 필자의 앞선 책《손석희가 말하는 법》102쪽 이하 부분에서 찾아볼 수 있습니다.

부경복,《손석희가 말하는 법》본문 참조 ▶

"애가 뭘 안다고"

"너는 엄마가 좋아, 아빠가 좋아?"

"엄마, 그런 질문은 애들한테 안 좋은 질문인 것 같아요."

"넌, 애가 뭘 안다고 그래!"

논리 습관의 또 하나의 방해꾼은 아이의 논리 공부를 '돕겠다'가 아니라 논리를 '가르치겠다'는 생각입니다. 상대방이 몇 년 전만 해도 내 도움 없이는 화장실도 못 가던 아이였고, 나는 내 아이보다 15년이나 더 공부했으며 30년이나 더 살았다고 해서, 내게 아이의 모든 것을 가르칠 수 있는 능력이 생겨나는 것은 아닙니다.

어째서 논리는 기원전부터 선생과 제자 간에 서로 질문과 답을 주고받으면서 발전해 왔을까요? 논리는 자신의 생각을 논리의 틀에 담아 상대방과 주고받으면서, 조금씩 틀린 것은 배제시켜 나가고 옳은 것에 가까이 다가가는 과정이라는 점을 우리는 앞서 배웠습니다. 그래서 논리 공부에는 생각의 주고받음이 핵심입니다. 생각이 쉽고 충분하게 오고 가기 위해서는 생각의 연결 통로가 수평을 유지하는 것이 중요합니다.

이해를 돕기 위해서 우리의 영원한 스승인 직장 내 꼰대 부장님의 모습을 다시 살펴봅시다. 왜 꼰대 부장님은 자기 말만 하고 자신의 생각을 우리에게 강요하는 것일까요? 꼰대 부장님의 뇌구조를 요약하면 대부분 이렇지 않을까요.

첫째, 나는 너희보다 오래 살았고 오래 일했으며 그만큼 경험도 많다.

둘째, 그래서 나는 너희보다 더 많은 것이 보이고, 더 많은 것을 알고 있으며, 더 옳은 판단을 할 수 있다.

셋째, 너희가 지금 나의 생각에 동의하지 못하는 이유는 너희가 아직 어리고 경험이 적기 때문이다. 너희도 지금의 나만큼 나이 들고 경험이 쌓이면 그 때 내가 옳았다는 것을 깨닫게 될 것이다.

요약하면, 너희도 나이 들면 나처럼 알게 될 것이라는 말이지요. 젊은이들이 꼰대 부장을 조롱한다는 것을 모든 사람들이 아는데도 여전히 직장에 꼰대 부장들이 넘쳐나는 이유는 이렇듯 자명합니다. 의외로 꼰대 부장이 위와 같은 나름의 '탄탄한' 논리구조를 갖고 있어서 스스로가 꼰대라고 생각하기 어려울 테고, 혹 알게 되더라도 바꾸기 어려우니 그렇게 되는 것이지요.

그러면 꼰대 부장의 논리구조는 어디가 잘못된 것일까요? 역시나 첫 단추입니다. 내가 더 나이가 많고

우리 아이 논리 공부

경험이 많으니 아는 것도 더 많을 수밖에 없고, 그래서 자신이 더 옳은 판단을 내린다는 생각 말입니다. 너희도 나이 들어보면 내 말이 맞다는 것을 알게 될 것이라는 뜻도 있겠고, 나이가 많으면 더 지혜롭다라는 의미도 있겠지요.

이런 생각이 받아들여지던 사회가 예전에 있었고 지금도 존재합니다. 아프리카 오지 지역이나 아시아 산악지대 마을 중에는 마을의 중요한 의사결정을 그 마을에서 가장 나이가 많은 사람에게 묻고 이를 따르기도 한다고 합니다. 여기에는 나이가 많을수록 더 지혜롭다는 전제가 깔려 있는 것이지요. 우리나라에서도 대략 조선시대 중기까지는 이러한 생각이 받아들여진 듯합니다.

그러면 현대사회는 나이가 많을수록 더 지혜롭다는 과거의 전제를 왜 더 이상 수용하지 않을까요?

가운데 수평선을 무지(無知)로 두고, 위쪽은 지혜의 영역, 아래쪽은 어리석음의 영역이라고 해봅시다. 이때 (개인적으로는 동의하기 어렵지만 편의상) 아이는 무지의 영역에 있다고 해봅시다. 나이 듦에 따라 경험이 하나씩 늘어날수록 우리는 조금씩 지혜의 영역으로 올라가게 될까요? 그렇지 않습니다.

어떠한 경험은 우리를 지혜의 영역으로 이동시키지만, 또 어떤 경험은 우리를 어리석음의 영역으로 이동시키며, 대부분의 사람들이 무지의 수평선을 사이에 두고 위 아래로 오르내립니다. 그렇지 않다면 모든 어른들은 담배도 피우지 않고, 과음하지 않으며, 야식을 시켜 먹지도 않을 테지요.

앞서 배운 확신의 정도(강도 또는 수준)를 알 수 있는 공식을 생각해봅시다. 정보의 양이 아무리 많아도, 세월이 흘러 해가 바뀔수록 그 정보의 '질'이 마이너스가 되면, 이를 기초로 한 판단은 어리석음의 영역으로 이동합니다. 정보의 '양'이 많다는 사실은 절대값을 크게 만들어 어리석음의 영역으로 더 크고 강하게 이동하는 역효과만 나타낼 뿐입니다.

아이와 마주 앉은 탁자로 다시 돌아와봅시다. 나는 어른, 너는 아이, 나는 아는 사람, 너는 모르는 사람, 나는 가르치는 사람, 너는 그 가르침을 배우는 사람이라는 태도는 수평을 유지해야 하는 생각의 연결 통로를 수직으로 세워버리는 꼴입니다. 아무리 생각을 논리의 틀에 잘 담아봐야, 이미 수직으로 서버린 연결 통로에서 그 생각이 서로 간에 오고 갈 일이 없지 않겠습니까? 논리 공부가 이루어질 수 없다는 결론입니다.

그것은 마치, 소크라테스는 칠판에 자신의 생각을 쓰고 플라톤은 그걸 받아 적으면서 논리학이 발전해 왔을 것으로 생각하는 것만큼이나 어리석은 생각입니다. 생각의 연결 통로가 수평에서 수직으로 세워져버리는 순간, 논리 습관은 멈추거나 사라집니다.

🔍 핵심 키워드

왜 그럴까요?　뭘 보면 알 수 있을까요?　논리 습관

예를 들면 어떤 것이 있을까요?　논리 대화　논리 주고받기

한 걸음 더

성급한 일반화의 오류

몇 개의 사례나 경험으로 전체 또는 전체의 속성을 단정 짓고 판단하는 데서 발생하는 것을 성급한 일반화Hasty generalization의 오류라고 말합니다. '일본은 고령화 사회로 접어들면서 부동산 가격이 하락하였다. 그러므로 고령화 사회로 접어들어 가는 한국도 부동산

가격이 하락할 것이다'와 같은 주장이 이에 속합니다. 고령화 사회가 된 다른 나라나 도시에서도 부동산 가격의 하락 현상이 일관되게 확인되었는지부터 살펴야 합니다.

논리적 말하기의 자세와 습관

아래 기사의 내용 중, 2001년 유명 여배우인 브리짓 바르도와 손석희 간의 인터뷰 내용을 읽어봅시다. 손석희가 말하는 법은 우리가 평소에 말하는 방식과 다르게 어떠한 습관을 보이는지 발견해보고, 특히 손석희가 갖춘 논리 습관이 논리적 말하기에서 어떠한 역할들을 하는지 이야기해 봅시다.

'생각의 폭을 넓히자-제시문', 〈전북일보〉
2010년 9월 1일자 ▶

8장

논리천재가 만들어지다

왜 결론부터 말해야 하나요?

그것이 질문에 대한 답이고, 내가 전달하고자 하는

생각을 가장 짧고 정확하게 간추린 것이기 때문입니다.

스토리 말고 플롯

"곰돌이 너는 엄마가 좋아, 아빠가 좋아?"

"저는 축구를 제일 좋아해요. 지난 주말에는 엄마랑 축구를 했어요. 엄마랑 서로 공을 뺏는 게 제일 재미있어요. 어제는 엄마가 출근해서 아빠랑 축구를 했어요. 아빠는 축구할 때 자꾸 와서 부딪혀요. 저는 아빠가 발걸고 미는 게 싫어요. 저는 엄마가 더 좋아요."

"곰돌이는 엄마를 더 좋아하는구나. 왜냐하면 곰돌이는 축구를 제일 좋아하는데 특히 엄마랑 축구할 때가 더 즐겁기 때문인 거구나."

"네, 맞아요."

스토리story는 어떤 기간 동안에 있었던 사건들을 시간 순서대로 늘어놓는 것입니다. 반면 플롯plot은 이런 하나하나의 사건들을 작가가 의도한 목적을 위해서 그에 맞춰 재구성하고 재배치하는 것입니다.

2007년에 개봉한 영화 〈타짜〉는 정마담이 "고니를 아냐구요?"라고 말하는 장면으로 시작합니다. 이 장면은 나중에서야 시간 순서로 볼 때 끝부분에 해당하는 장면이라는 사실을 알게 됩니다. 그다음에 고니와 고광렬이 지방 목욕탕에서 화투를 치는 장면이 나오고, 이후에도 여러 가지 사건들이 시간 순서와는 다르게 재배치되어서 나옵니다. 감독이 관객의 몰입을 유도하거나 반전효과를 극대화하기 위하여 의도적으로 필요한 사건들만 골라서 재배열한 것이지요.

논리적인 말하기 공부를 제대로 해보지 못한 아이들에게 주제를 제시하고 생각을 물어보면 대부분의 경우는 생각나는 대로 말합니다. 주제를 들었을 때 생겨나는 자신의 의식의 흐름을 따라 생각이 떠오르는 순서 그대로 늘어놓는 것입니다. 스토리와 플롯 중에

스토리에 가까운 거죠.

그런데 우리는 앞에서 논리적 말하기란 상대방이 내 생각을 쉽고 정확하게 이해할 수 있도록 하기 위한 목적을 가진 활동이라는 점을 배웠습니다. 그러니 '생각나는 대로' 늘어놓는 것은 논리적 말하기가 아닙니다.

논리적 말하기는 주제에 관하여 나에게 떠오른 생각들을 늘어놓고 '상대방의 쉽고 정확한 이해'라는 '목적'에 맞추어야 합니다. 그리고는 여기에 맞는 생각들을 고르고, 서로 연결시키고, 필요 없는 것들은 생략하고, 필요한 곳에 모자란 부분을 보충합니다.

마지막으로, 그 생각들이 내 머릿속에서 떠오른 순서와 관계없이 위의 목적 달성에 적합한 순서로 다시 배열하는 것입니다. 스토리와 플롯 중에 플롯에 가까운 것이지요. '목적을 중심에 둔' 재구성과 재배치가 핵심입니다.

생각나는 대로 이야기하는 것은 비단 아이들만이 아닙니다. 직장에서의 어른들 모습도 마찬가지입니다. 제가 겪었던 사례 한 가지를 들어볼까요. 언젠가 열심히 만든 우리 계약서를 상대방에게 주었는데, 교포처럼 생긴 어떤 여자 대리가 "계약서 20조 사항은 이렇게 좀 바꾸면 안 될까요?"하면서 물어오더군요. 나는 우리 회사의 표준 양식이므로 웬만하면 그대로 썼으면 좋겠다고 답하면서 한동안 설명을 더 이어가야만 했습니다.

끝까지 들어보면, 결국 상대방이 수정한 계약서 조항이 우리한테 어떤 경우에 불리하게 작용할 수 있을지 봐달라는 것이 요지였던 거지요. 이 이야기를 하기 위해서 대리가 그때 선택한 방법은, 내가 전달하고자 하는 생각('수정 조항을 봐달라')을 전하는 데 있어 필요한 정보와 필요하지 않은 정보를 마구 섞어서 자신이 경험한 일의 순서대로, 자기 생각의 흐름대로만 쭉 늘어놓은 것입니다. 이것은 논리적 말하기가 아닙니다. 논리적 말하기 방법은 친구와 수다 떨 때의 자세와는 다른 것이지요.

대부분의 경우, 사람의 생각은 목적 중심으로 흘러가지 않습니다. 출발지에서 시작하여, 이렇게 봐야 하

우리 아이 논리 공부

나 싶어 생각해보다가, 이건 아닌 것 같아서 다시 다른 방식으로 생각해보고, 이렇게 꼬불꼬불 헤매기를 계속합니다. 그러다 조금씩 길이 보이면서 결국 결론이라는 최종 목적지에 도착하지요. 이런 상태에서 어떻게 전달하는 것이 효과적인(논리적인) 생각의 전달 방법일까요?

가장 기본적이고 검증된 방식은 생각 전달에 필요한 논리 틀대로, 즉 맨 마지막에 도착한 '결론'에서 시작해서 '직선'으로 출발지를 향해가는 것입니다.

첫째, 왜 결론부터 말해야 하나요? 그것이 질문에 대한 답이고, 내가 전달하고자 하는 생각을 가장 짧고 정확하게 간추린 것이기 때문입니다. 결론을 먼저 말한 뒤 내가 덧붙이고 싶은 말을 뒤에 배치하여야, 듣는 사람이 내 이야기가 어떤 맥락에서 나오는 것인지 이해하기 쉽습니다.

둘째, '직선'으로 간다는 것은 무슨 의미인가요? 결론(도착점)을 먼저 말하고, 내가 왜 주제 또는 질문(출발점)에서 결론에 이르렀는지를, 상대방이 이해하는 데

불필요한 정보(이리저리 헤매었던 내 의식의 흐름)는 생략하고 대신 필요한 정보는 빠짐없이 모아서 전달하는 것을 말합니다. 직선은 두 점을 잇는 가장 짧은 선이고, 선은 점들의 집합이지요. 불필요한 것이 섞이면 직선이 되지 않습니다. 게다가 필요한 것을 빼먹으면 선이 만들어지지 않을 거고요.

아이가 처음부터 이렇게 취사선택과 재배치를 염두에 두면서 생각을 말하기는 어렵습니다. 그래서 처음부터 아이에게는 생각나는 대로 말하게 해야 합니다. 아이가 충분히 말하도록 한 뒤에, 부모님이나 선생님은 그 이야기와 생각의 흐름을 잘 듣고서 논리적 말하기의 틀에 맞게 재구성해서 들려주어야 합니다. 아이로부터 스토리를 듣고, 어른은 이를 플롯으로 바꾸어 다시 들려주는 것이지요.

이런 과정이 반복되면 아이는 조금씩 아주 작은 부분부터 스스로 자신의 플롯을 만들기 시작할 겁니다. 그렇게 아이는 논리적 말하기의 틀을 접하고 점점 그에 익숙해져 가겠지요.

그런 과정을 거칠수록 아이는 논리 목적을 위해 재구성되고 재배치된 방식으로 자신의 생각을 말하기 시작할 것입니다. 그리고 이는 습관화될 거고요. 논리 천재는 이렇게 만들어집니다.

숫자가 주는 신뢰

"아빠랑 함께 한 일 중에 숫자가 들어가는 걸 말해볼까?"

"음, 저는 주말에 아빠랑 축구를 하면서 3골을 넣었어요."

키보드를 한번 봅시다. 여러 자판 중에서 딱 한 개의 자판만으로도 자체의 의미를 갖는 것이 무언지 아십니까? 바로 숫자 자판입니다. 문자나 기호, 특수문자 등은 모두 다른 것과 결합해야만 의미를 갖지만 숫자는 그 자체로 의미가 명확한 존재지요.

자, 논리적 말하기란 '쉽고 정확하게' 전달하는 것

이라고 배웠습니다. 그런데 쉽고 정확하게 전달할 수 있는 것 중에 숫자를 따라갈 만한 것이 없습니다.

'으슬으슬 춥다'는 말은 어느 시기에 어느 지역에서 어떤 사람이 말하는지에 따라 전달되는 의미가 모두 다르겠지요. 추운 지방에 사는 왜소한 체구의 할머니가 한겨울 어느 날에 이 말을 하는 경우, 그리고 멕시코에 사는 거구의 아저씨가 한여름에 이 말을 할 때의 느낌은 완전히 다를 수밖에 없습니다. 하지만 '섭씨 3도'라는 실제 표현은 언제 어디서 누가 말해도 의미에 있어 차이가 없겠지요.

시중에 소개된 여러 논리 공부와 관련된 책을 보면 숫자의 중요성을 이야기하는 경우를 찾아보기 어렵습니다. 대부분 소크라테스는 죽었다, 소크라테스는 사람입니다와 같은 이야기만 반복됩니다.

하지만 논리학을 위한 (학문으로서의) 논리가 아니라, 현실에서 논리적 말하기를 위한 논리 공부를 하는 사람에게 논리적 말하기에 있어서 숫자만큼 효율적이고 효과가 큰 것이 없습니다. 자신의 생각을 말하면서 숫자를 사용한다는 것은, 내가 이 주제에 대하여 객관적이고 정확한 지식을 가지고 있다는 증거가 되니까요.

"우리나라에서도 기후 변화로 인한 기온 상승이 매우 심각한 수준이고, 전염병보다 그 피해가 더 큽니다."

"우리나라에서도 기후 변화로 인한 기온 상승이 매우 심각한 수준입니다. 2015년 메르스 감염병으로 인한 총 사망자 수가 38명인데, 2018년 폭염으로 인한 온열질환 사망자 수는 160명으로, 메르스 사망자 수의 네 배가 넘습니다."

위의 두 사람 중에서 대다수의 사람들은 두 번째 사람의 이야기를 더 듣고 싶어 할 것입니다.

그런데 보통 일상 대화 속에서 우리가 숫자를 넣어서 말하는 경우는 매우 드물지요. 그래서 논리 공부를 위해서 의도적으로 숫자를 넣어서 말하는 습관을 익혀나가지 않으면 필요한 순간에도 자신의 주장 속에 숫자를 담지 못하고 두루뭉술하게 말하고 끝나기 십상입니다.

앞서 논리적인 말버릇을 설명했다시피, 논리 습관

　　　　　　　　　　우리 아이 논리 공부

을 기르는 단계에서는 자신의 생각을 숫자로 이야기하는 것 자체가 중요한 겁니다. 무슨 숫자를 말하는지, 또는 그 숫자가 정확한지는 그다음의 문제입니다. 흔히들 '숫자로 말하기'에 대해 공부하고자 아이와 대화하다 보면 "오늘 학교에서 친구 몇 명하고 이야기했어?"와 같이 부모가 원하는 숫자를 아이에게 묻는 경우가 많습니다. 이런 방식으로는 아이가 숫자로 말하기를 반복하기 어렵고, 습관이 되기 어렵습니다. 오히려 부모가 이 공부에 있어 방해꾼이 될 수도 있지요.

숫자를 물어볼 것이 아니라 아이가 원하는 숫자를 말할 수 있도록 도와주는 것이 맞습니다. 아이가 어려워하면 숫자를 같이 찾아주고, 함께 세어주고, 숫자를 넣어서 말하는 모습을 먼저 보여주어야 합니다.

엄마와 장군이의 대화입니다.

"아빠랑 한 일 중에 숫자가 들어가는 걸 말해볼까?"
"잘 모르겠어요."
"주말에 아빠랑 무슨 일을 같이 했을까?"

"축구요."

"그랬구나. 장군이도 골을 넣었니?"

"네, 넣었어요."

"몇 골이나 넣었는지 기억나니?"

"세 골이요."

"장군이는 주말에 아빠랑 축구를 하면서 무려 세 골이나 넣었구나."

"네 맞아요. 제가 세 골 넣었어요."

논리가 소용없어지는 순간

"너는 엄마가 좋아, 아빠가 좋아?"

"엄마는 맨날 공부하라고만 해요."

"그래서 곰돌이는 아빠가 더 좋으니?"

"아빠는 술을 너무 자주 마셔서 싫어요."

"엄마랑 있는 게 좋을 때는 언제일까?"

"자기 전에 책 읽어줄 때요."

"그럼 아빠랑 있는 게 좋을 때는 언제일까?"

"같이 게임할 때요."

"그렇다면 곰돌이는 엄마가 좋아, 아빠가 좋아?"

"저는 엄마가 더 좋아요. 엄마랑 같이 있을 때가 더 재미있어요."

자신이 작성한 논술이나 에세이를 제게 가지고 와서 어떻게 하면 좀 더 논리적인 글을 쓸 수 있을지 조언을 구해오는 경우가 가끔 있습니다. 그럴 때 자주 드리는 대답 중 하나가 "질문에 답을 하면 좋겠다"입니다. 대부분의 경우 이것이 무슨 말인지 잘 모릅니다. 문제로 질문(주제)이 주어졌고, 자신이 그에 대한 답을 길게 적어왔는데, 갑자기 '질문에 답을 하라'는 나의 대답이 그들은 이해가 가지 않았을 테지요.

예를 들면, "우리나라가 직면하고 있는 문제 중에 정부의 적극적 개입이 가장 시급한 문제는 무엇인가?"라는 질문이 주어졌습니다. 그런데 답을 보면 우리나라 경제 성장률이 얼마나 심각하게 둔화되고 있으며, 그로 인하여 발생할 사회적 갈등과 피해가 얼마나 클 것인지 설명하고, 이에 대해서 정부가 어떠한 조치를 취해야 하는지를 각종 근거 자료를 제시하면서 적어왔습니다. 이것이 질문에 대한 답이 되었을까요? 그렇지 않습니다.

내용과 논리력이 매우 충실한데도 의외로 매우 낮

은 평가를 받기도 하는데요, 대부분 질문에 답하기보다는 질문을 대충 보고 자기가 하고 싶은 말만 하는 경우가 그러합니다. 질문에 답을 하지 못하면서도 이 순간을 단순히 실수라고만 생각하며 질문에 귀를 기울이지 않는 모습을 보입니다. 혹은 자기 나름대로는 열심히 준비하고 조사해서 정말 많은 대답을 들려주었지만 정작 질문에 대한 답이 아닌 경우가 의외로 많습니다.

전교회장 선거에서 자신이 그동안 얼마나 많은 친구들을 도와주었는지를 쭉 늘어놓고는, 그러니 자신을 회장으로 뽑아달라고 마무리하는 경우도 질문에 답을 하지 않은 사례이지요. 학생회장 선거는 학생들을 대표하여 학교생활을 올바른 방향으로 발전시켜갈 리더를 뽑는 일입니다. 단순히 착한 학생을 선발하거나, 그동안 자신을 도와준 친구에게 보답하기 위하여 투표하는 일이 아니지요.

그래서 '왜 당신이 리더여야 하는가?'라는 유권자 학생들의 질문에 답하지 않으면 아무리 듣기 좋은 내용으로 탄탄한 논리를 구성했다 하더라도 처음부터 방향을 잘못 잡은 헛수고일 뿐입니다.

🔍 핵심 키워드

결론부터 말하기   결론을 전달하기 위한 생각의 재구성

두 점을 잇는 가장 짧은 선   말 속에 숫자 넣기

질문에 답하기   상대방은 무슨 정보가 필요할까?

한 걸음 더

도박사의 오류Gambler's fallacy

서로 독립적으로 일어나는 확률적 사건이 서로의 확률에 영향을 미친다는 착각에서 기인한 논리적 오류를 말합니다. 예를 들면, 동전을 던져서 앞면이 5회 연속으로 나오면 그다음은 뒷면이 나올 확률이 높아질 것으로 착각하게 되는 것처럼 말입니다.

어느 초등학생의 후보 연설

아래 학생회장 후보의 선거 연설을 듣고, 본인이라면 어떤 부분을 어떻게 바꿀지, 그 이유는 무엇인지 적어 봅시다.

몰표 받은 전교회장 연설
(유튜브 채널 '햄님') ▶

우리 아이 논리 공부

언어논리력 또는 논리적 커뮤니케이션 능력은 다른 사람들과 이성적으로 협업하는, 다시 말해 두뇌로 상호작용을 하는 기초 능력입니다. 학급회장 선거, 과제 발표, 팀 과제 수행, 서술형 답안 작성, 면접, 조직 내에서 두각을 나타내기 등 이들 모두가 이성적 상호작용 능력과 기술에 의하여 좌우됩니다.

언어논리는 형식논리학에서의 용어 외우기가 아닙니다. 말싸움과는 더욱 거리가 멉니다. 내가 가진 정보를 많은 사람들에게 빠르고 정확하게 전달할 수 있고, 그들로부터 확인해야 할 정보와 요청할 사항을 쉽고 정확하게 전달해낼 수 있는 능력입니다.

이런 사람들은 자신이 활용할 수 있는 자원과 다른

구성원들의 활용가치를 극대화시키고, 그 조합을 최적화하여 최고의 성과를 만들어냅니다. 이들은 "할 수 있는 게 아무것도 없다"거나 "옆에서 도와주지를 않는데 뭘 하라는 건지"라고 푸념하는 데에 자신의 시간과 노력과 평판을 낭비하지 않습니다.

현대 기업들은 이런 구성원을 원하고, 그런 사람이 이러한 구성원의 조직을 이끌어주기를 원합니다. 이 책은 우리 자녀들이 이러한 리더로 자랄 수 있도록 돕고자 하는 부모님들과 지도 교사들, 그리고 리더가 되고자 노력하는 학생들에게 언어논리 공부의 첫 단추가 되길 바라는 마음으로 시작되었습니다.

우리 사회가 지적으로 성숙한 모습으로 발전하는 데에 작은 도움이 되었으면 합니다. 이 책을 끝까지 읽은 여러분들이 #우아논공 해시태그로 더 좋은 생각과 사례를 함께 공유해주시면 저자로서는 더 바랄 바가 없습니다.

우리 아이 논리 공부

우리 아이 논리 공부

초판 1쇄 발행 2024년 2월 29일

지은이 부경복
책임편집 강희재 양하경
디자인 이상재

펴낸곳 (주)바다출판사
주소 서울시 마포구 성지1길 30 3층
전화 02-322-3675(편집) 02-322-3575(마케팅)
팩스 02-322-3858
이메일 badabooks@daum.net
홈페이지 www.badabooks.co.kr

ISBN 979-11-6689-216-5 43370